런던에서
보란듯이
K·사장

런던에서 보란듯이 K-사장

이영훈 지음

nomad
지식노마드

나는 실패 전문가입니다

인생에서 실패한 사람 중 다수는 성공을 목전에 두고도
모른 채 포기한 이들이다.
Many of life's failures are people who did not realize how close they
were to success when they gave up.
– 토마스 A. 에디슨

나는 영국의 수도 런던의 사업가다. 지금 운영하고 있는 외식업은
20번째 사업이다. 한국에서 중학교 2학년 때 열다섯 나이로 처음 군
고구마 장사를 시작한 이래 학교 축제 선물 장사, 어린이날 즉석 사
진, 화장품 방문판매, 신발 장사, 중고 옷 장사, 중고 휴대폰 장사, 팥
빙수 장사를 시도했다 그만두기를 반복했다. 2006년 영국으로 건너
와서는 젤리 구슬 장사, 액세서리 장사, 크리스털 기념품 장사, 장난
감 장사, 중고차 장사, 운송업, 소셜 커머스, 간이 무역업, 의류 소매
점, 의류 도매 유통업, 영어 캠프 사업이라는 11개 사업을 펼쳤다 접
었다. 지난 30년간 명함이 총 19번 바뀐 셈이다.

어떤 장사와 사업은 제법 잘된 적도 있었지만, 어떤 건 제대로 시
작도 해보지 못하고 접어야 했다. 잘되어 가던 일도 그리 오래가지 못

했다. 반면 실패의 내상과 잔상은 항상 오래갔다. 그렇다 보니 실패가 더 익숙해졌다.

실패를 거듭하는 이유를 알 수 없었다. 그저 실패자란 생각에 매몰되어 원인을 되새기며 자책하고 과거에 집착하며 살았다. 실패에서 벗어나고 싶어 발버둥쳤다. 하지만 마치 늪에 빠진 짐승처럼 발버둥치면 칠수록 더 깊이 빠져들어 갔다. 그러던 어느 날 '이런 삶이 진정 내가 원하는 삶인가'라는 진지한 질문 앞에 서야 했다.

'지금까지 후회 없이 원하는 일을 하며 의미 있는 인생을 살았던가? 내가 이 땅에 태어난 이유를 찾고 나의 모든 것을 바친 충만한 삶을 살았던가? 나의 이익과 유익이 아닌 다른 사람의 삶을 개선하고 성공하도록 도왔던가?'

인생의 근본적인 질문 앞에 놓이니 그 어느 것 하나 자신 있게 '예'라고 답할 수 없었다. 실패로 힘든 것보다도 내 인생이 아무런 의미가 없다는 생각이 나를 더 괴롭혔다. 삶을 이대로 마무리하고 싶은 유혹이 자주 찾아왔다. 그 순간 한결같이 나를 믿고 응원해준 어머니가 생각났다. 이제 겨우 말을 하기 시작한 첫째 아들과 아장아장 걷기 시작한 둘째 아들의 눈망울이 떠올랐다. '나는 좋은 아들이었나? 동시에 좋은 아빠였던가? 그리고 내가 이 땅을 떠난 후에도 좋은 사람으로 기억될 것인가?'

돌아보니 런던에서 생존하기 위해 몸부림치면서 오직 나밖에 챙기지 못했다. 한순간도 누군가에게 도움을 주거나 베풀거나 돌아보지 못했다. 여유가 없기도 했지만, 이는 핑계에 불과하다. 모든 생각의 초점이 나에게 향했기에 이기적인 날들을 보냈던 거였다. 질문들에 대한 답을 찾으려 괴로움으로 밤을 지새우던 이 실패의 날들이 삶의 전환점이 되었다. 이후 내 삶은 360도 변했다. 마치 며칠 굶은 사자가 먹이를 쫓아다니는 심정으로 절실하고 간절하게 내가 가야 할 길을 찾는 일에 모든 에너지를 쏟아부었다. 다시는 예전의 모습으로 돌아가고 싶지 않았다. 가치 있고 의미 있는 충만한 삶을 살겠다고 결단했다. 그 후로 일분일초도 허투루 쓰지 않겠다고 나와 약속했다.

그러던 어느 날, 거짓말처럼 사업으로 일어설 기회가 찾아왔다. 그 한 번의 기회로 19번의 실패를 한꺼번에 보상받을 수 있었다. 그리고 또 다른 기회가 내가 실패한 횟수만큼이나 나를 찾아왔다.

오리슨 스웨트 마든은 이런 말을 남겼다. "수많은 사람이 무수한 시도 끝에 실패했기 때문에 마침내 성공했다. 그들이 실패를 맛보지 못했다면 위대한 승리 역시 결코 쟁취하지 못했을 것이다."

누구나 처음에는 실패 전문가다. 아니 실패 전문가여야만 한다. 대장장이가 연장을 더 단단하게 만들기 위해 뜨거운 불에 달구고 물에 담금질하기를 반복하듯이, 실패라는 뜨거운 불과 물에 우리 인생을 달구고 담금질해야만 단단해질 수 있다. 그동안 반복된 실패와 도전들이 결국 내 인생에 담금질이 되어주었던 것처럼 말이다. 과일 깎는 과도로 끝날 뻔한 인생이 제법 쓸 만한 연장이 되어 런던에서 여전히 수많은 어려움과 도전들을 마주하면서도 두려움 없이 당당한 날들을 보내고 있다.

생각해보면 높이 쌓아 올린 것만이 위대하지는 않다. 멀리 온 것도 위대한 일이다. 어릴 적 자주 따라 불렀던 고 신해철 씨의 노래 「슬픈 표정 하지 말아요」 가사 중에 "먼 길을 걸어왔네"라는 구절이 있다. 인생을 돌아보니 19번의 장사와 사업 그리고 현재 런던에서 하는 20번째 사업과 이제 새롭게 시작하는 21번째 사업까지 아주 먼 길을 걸어왔다.

처음 한 번에 성공하는 것은 절대 없다. 단번에 성취한 일은 성공한 것처럼 보여도 그건 성공한 것이 아니다. 실패가 없는 성공은 절대 오래가지 못한다. 그러니 한두 번 실패했다고 내 존재가 부정되는 것은 아니다. 실패는 곧 나의 가치가 없음으로 착각했었다. 절대 아니다. 그저 시간이 조금 더 필요할 뿐이다. 그러니 절대 스스로 세상이라는 무대에서 꿈을 펼치기 전에 내려오지 마라. 끝까지 버티자. 위대한 사람이 살아남는 것이 아니라 살아남은 자가 위대한 것이다. 지난 17년간 영국 런던에서 수많은 실패를 거듭했음에도 부서지지 않을 수 있었던 이유는 단 하나다. 나의 때가 반드시 올 것이라는 믿음 때문이었다. 버티고 버티고 또 버텼다. 그 결과 새로운 날들을 살 수 있게 되었다.

실패담은 그리 아름답지만은 않다. 그래서 세상에 나의 이야기를 하는 것이 다소 조심스럽고 부끄럽다. 하지만 내가 실패를 이겨냈다면, 이는 세상 누구나 할 수 있는 일이라고 믿는다. 내가 전하는 과거, 그리고 현재의 시간들이 누군가에게는 위안이 되고, 또 다른 누군가에게는 희망과 도전이 될 수 있기를 바라본다.

차례

PART 02 | 다시 도전 IN THE WORLD

PART
03 │ 성공 노트 IN MY LIFE

01

런던에서 죽기 아니면 살기

IN ENGLAND

누구나 첫걸음은 어렵다

△

    2006년 10월 가을, 영국 런던에 왔다. 런던 북서쪽 외곽의 해로Harrow에 사는 지인 집에 작은 싱글룸을 하나 얻어 영국 생활을 시작했다. 옷장 하나, 침대 그리고 작은 책상 하나가 전부인 방이었다. 10월의 런던은 비가 많이 왔다. 가을이 지나가며 해도 짧아지고 해를 볼 수 있는 날이 많지 않았다. 며칠 후 한국에서 미리 등록했던 어학원에서 영어 수업을 시작했다. 학원을 갈 때마다 조그마한 샌드위치와 과일을 조금 넣은 도시락을 싸 가지고 다녔다. 하루 이틀은 도시락으로 버틸 만했지만, 시간이 지날수록 금세 허기가 졌다. 배가 고프니 모든 것이 서글펐고 낯선 곳에서 오는 외로움마저 느껴졌다. 주머니엔 한 달 겨우 버틸 만한 생활비밖에 없었다. 그러니 하루하루가 불안했다. 외로움도 잠시, 바로 그다음 주부터 어학원 바로 옆에 있는 요스시Yo-sushi라는 일식 회전초밥집에서 주방 보조로 아르바이트를 시작했다. 낮에는 어학원을 다니고 오후에는 일했다. 주방일은 겨우 할 만한 정도여서, 잘하지는 못했다. 내가 주방일에 소질이 없다는 것을 그때 알았다. 한 달쯤 지나자, 먼저 와서 일한 한국인 여직원이 나를 창고로 불러 언짢은 목소리로 얘기했다.

"그렇게 느리게 하시면 여기서 일 못 하세요. 좀 빨리빨리 하시라고요!"

제대 이후 누군가에게 갈굼을 당한 건 그때가 처음이었다. 서른 가까이 된 나이에 이게 무슨 짓인가 싶어 한 달을 채우고 일을 그만두었다. 며칠 후에 런던 빅토리아역Victoria Station 안에 있는 한국인 이민자 사업가가 경영하는 초밥 테이크아웃 체인점에서 아르바이트를 다시 시작했다. 런던에서 살아남으려면 아르바이트 하나만으로는 부족했다. 머릿속에서는 늘 '어떻게 해야 돈을 벌 수 있을까?'라는 생각이 가득했다.

그렇게 6개월이 지나고, 2007년 4월에 영국 부활절 휴가를 이용해 한국으로 잠시 돌아왔다.

"혼자 외국 생활하기 힘드니 결혼해서 영국으로 가면 어떻겠니?"

아버지가 결혼 이야기를 꺼내셨다. 심하게 당황스러웠다. 중학교 2학년 때 교회 수련회에서 지금의 아내를 처음 만났다. 친구 사이로 지내다 고등학교 때 본격적으로 교제를 시작했다. 그 후 몇 번 만나고 헤어지기를 반복했고, 결국 다시 만나 사귀던 중이었다.

"집에서 결혼하라고 하는데, 우리 결혼할까?"

며칠 동안 여자친구의 눈치를 보며 말할 기회를 엿보다 겨우 말을 꺼냈다. 지금 생각해보니 청혼을 한 셈인데, 왜 그때 그렇게 멋없게 말했을까 싶다.

"응, 결혼? 엄마한테 한번 이야기해볼게!"

언젠가는 결혼할 것이라는 생각이 있었다. 하지만 이렇게 갑작스럽게 결혼 이야기를 주고받을지는 몰랐다. 제대로 된 프러포즈도 없이 얼떨결에 결혼에 관한 이야기 몇 마디 나눈 게 전부였다. 결국 한 달 뒤에 여자친구와 결혼식을 올렸다. 로맨틱한 청혼을 하지 못해서 아직도 아내에게 미안한 마음이다. 지금도 아내는 가끔 농담 조로 "청혼도 없이 결혼한 용감한 남자"라며 나를 놀리곤 한다. 그 당시는 결혼할 준비가 전혀 되지 않았다. 모아둔 돈도, 번듯한 직장도 없었다. 그런 사람을 당신의 막내 사위로 받아주신 장인·장모님께 감사할 뿐이다. 평생 그 감사함을 보답하고자 애쓰고 있다.

영국을 떠난 지 한 달 반 뒤 한 사람의 남편이 되어 다시 런던으로 돌아왔다. 출국하던 날 아버지가 500만 원을 생활비에 보태 쓰라고 봉투에 넣어 주셨다. 어찌 보면 신혼 자금이었다. 그 돈의 절반은 집 렌트 보증금으로 썼고 나머지 반으로 첫 달 월세를 냈다. 방 네 개짜리 집이었는데 월세가 1,200파운드(약 200만 원)였다. 3층 옥탑방 원룸은 우리 부부가 쓰고 1층과 2층의 방 3개와 거실은 모두 재임대해 월세를 받았다. 한국인 아주머니와 대학생 아들, 폴란드인, 파키스탄인 그리고 영국인이 우리에게 월세를 냈다. 이 돈을 모아 집주인에게 매달 월세를 주고 공과금을 내면 100~200파운드 정도 남았다. 우리는 방값을 내지 않고 사는 셈이었다. 그렇게 월세를 아꼈다.

영국으로 돌아온 후 며칠 뒤 학원에 갔다. 랭귀지스쿨 기간이 아직 6개월 남았기 때문이다. 그런데 학원 입구가 굳게 닫혀 있었다. 문을 아무리 두드려도 안에서 인기척이 느껴지지 않았다. 무엇인가 잘못되었다 싶어 같은 반 친구들에게 바로 연락했다. 사정을 알아보니, 학원 원장이 부활절 휴가 동안 폐업 처리하고 도주했다는 것이다. 6개월분의 학비를 날렸다. 몹시 당황한 데다가 미리 낸 학원비가 아까웠다. 여기저기 알아봐도 딱히 묘수가 없었다. 어떻게든 학비 일부라도 돌려받으려고 동분서주해보았지만 별다른 해결책이 나오지 않았다.

이때 내 얘기를 들은 지인이 뼈아픈 한마디를 던졌다.

"웰컴 투 런던Welcome to London."

무슨 뜻인지 몰라 한참 고민했다. 이것이 진짜 런던의 팍팍한 현실이라는 의미와 이곳에 온 것을 환영한다는 뜻을 담은 복합적 표현이었다. 이렇게 내 영국 생활의 시련이 시작되었다. 그 후로도 수없이 많은 고통과 실패가 나를 기다리고 있는지 그때는 몰랐다. 영

런던에 오신 것을 환영합니다!

코벤트 가든

어학원 원장의 도주 사건은 내 영국 생활의 수많은 실패의 전조일
뿐이었다.

초밥 테이크아웃 매장 아르바이트 하나로는 생활비가 부족했다.
그래서 관광지로 유명한 런던 코벤트 가든Covent Garden에서 장난감
장사 아르바이트를 하나 더 구했다. 끈쩍끈쩍하고 당기면 늘어나는
동물 모양의 고무 장난감을 판매했는데, 이 제품은 불티나게 팔렸
다. 대학교 때 고향 대구에서 아파트단지와 시장을 돌며 슬리퍼 장
사할 때 사용했던 기술들이 빛을 발했다. 어딜 가든 내 목소리는
누구보다 컸고, 파는 일 하나만큼은 잘할 수 있었다. 그래서 사장
인 중국인 킴Kim이 나를 무척 좋아했다. 킴은 성실한 내 모습을 신
뢰했고 모든 일을 나한테 다 맡겼다. 그래서 킴 없이 혼자 일할 때
가 많았다. 내 장사처럼 정직하게 그리고 최선을 다했다. 하지만 마

음 한편에서는 나만의 장사를 해보고 싶은 마음이 간절했다. 시간이 날 때마다 마켓 매니저에게 자리를 하나 얻게 해달라고 부탁했다. 하지만 코벤트 가든은 연중 관광객으로 넘쳐나 마켓에 자리 하나 받기가 하늘의 별 따기였다. 이렇게 아르바이트 두 개를 동시에 하며 호시탐탐 돈 벌 궁리를 했다.

장난감 가게 바로 옆에서 장사하던 포르투갈 사람 페트로Petro가 물에 넣으면 불어나는 좁쌀만 한 젤리 구슬을 팔았다. 뭘 저런 걸 파나 싶어 유심히 관찰해보았다. 관광객들이 생각보다 꽤 많이 사갔다. 물에 넣으면 불어나는 젤리 구슬의 모습은 조금 신기했다. 불어난 구슬을 꽃병에 담아 장식하면 제법 그럴듯한 인테리어 소품처럼 보였다. 젤리 구슬을 도매로 받아 다른 마켓에서 팔아보고 싶어졌다. 그동안 제법 많은 장사를 해봤기에 '저건 팔면 되겠다'라는 직감이 있었다. 바로 시도해봐야 직성이 풀리는 성격을 지닌 나는 주저함 없이 바로 행동으로 옮겼다.

페트로에게 젤리 구슬을 도매가로 받아, 샘플 몇 개를 들고 영화 〈노팅힐Notting Hill〉의 배경이 된 노팅힐 포토벨로 마켓Portobello Market을 찾았다. 포토벨로 마켓은 앤티크Antique(골동품)로 유명하다. 런던의 손꼽히는 관광지라 가방, 의류, 잡화, 음식 등 다양한 상품을 팔았다. 수많은 먹거리와 볼거리를 경험할 수 있기에 주말에는 몰려드는 인파로 발 디딜 곳이 없을 정도다.

포토벨로 마켓 관리 사무실을 찾아가 자리를 하나 달라고 하니

포토벨로 마켓

웹사이트에서 접수하라고 했다. 집으로 돌아와 바로 접수하고 일주일 넘게 기다려도 답장이 없었다. 영국의 행정은 항상 느리다. 한두주 시간이 지나 또다시 관리 사무실을 찾아갔다. "좀 더 기다려라"라는 퉁명스러운 답변만 들어야 했다. 사무실 근처 상인들에게 마켓 매니저가 누구인지를 물었다. 그들은 토니Tony라는 사람을 찾아보라고 했다. 그때부터 토니를 찾기 위해 온 마켓을 돌아다녔다. 겨우 매니저 토니를 만났다. 큰 키에 갈색 머리, 코가 오똑한 전형적인 영국 사람이었다. 인사를 하고 마켓에서 장사를 해보고 싶다고 이야기를 꺼냈다.

"뭘 팔 건데?"

설명하면 길어질 것 같아, 메고 온 가방에서 물건을 주섬주섬 꺼냈다.

젤리 구슬 샘플을 보여주자, 그의 눈이 휘둥그레졌다.

"그게 뭐야?"

특유의 브리티시 악센트로 "What's that?"이라고 물었다. 토니가 호기심 가득한 표정으로 젤리 구슬을 이리저리 쳐다보며 만져봤다. 간단히 용도를 설명하자 웃음기를 띄우며 다음 날인 토요일 아침 6~7시 사이에 오라고 했다. 그렇게 코벤트 가든 마켓에서 노팅힐 포토벨로 마켓으로 장사 터를 옮겼다. 새로운 도전이었다.

집에 돌아오자, 다음 날 장사 준비로 마음이 분주해졌다. 대형 봉투에 가득 들어 있는 좁쌀만 한 작은 구슬을 명함 크기의 작은 투명 비닐 봉투에 나눠 담았다. 이 구슬을 물에 담가둔 후 조금 지나면 손바닥 크기의 화병을 채울 만큼 크기가 불어났다. 100봉지가량 준비하고 꽃병 2개와 손님들이 직접 만져볼 수 있도록 큰 항아리 같은 유리병을 준비했다. 꽃병에 꽂을 꽃도 한 다발 샀다. 가격은 페트로가 파는 가격과 똑같이 한 봉지 3파운드, 2봉지 5파운드로 정했다. 이 가격에 팔면 원가의 5배에 달하는 이윤을 남길 수 있었다. 손님들이 잘 볼 수 있게 가격표도 만들었다. 영국 올 때 들고 온 기내용 캐리어에 화병과 장사할 물건들을 깨지지 않게 잘 나눠 담았다.

이번엔 뭔가 잘될 것 같은 기분으로 잠이 들었다. 다음 날 새벽 5시에 일어나 간단히 아침 식사를 하고 6시 가까이 되어 집을 나섰다. 한 시간가량 걸려 노팅힐 포토벨로 마켓에 도착하니 온갖 종류의 신기한 물건들을 들고 자리를 얻으려는 상인들로 이미 긴 줄이 서 있었다. 가죽공예 수첩, 화장품, 차Tea, 빈티지 의류, 앤티크 그릇 등 상인들의 인종만큼이나 판매되는 제품들의 종류도 다양했다. 가끔 동양 여성이 보이긴 했지만 거의 다 영국인, 유럽인, 흑인 판매상들이었다. 다행히 첫날은 꽤 괜찮은 자리를 잡았다. 9시가 되자 관광객으로 보이는 사람들이 하나둘 마켓에 들어와 구경을 시작했다. 마수걸이하고 얼마 지나지 않아 토요일 노팅힐을 방문하는 관광객으로 포토벨로 마켓은 그야말로 인산인해를 이루었다.

"터치 잇!Touch it! 터치 잇!Touch it!(만져보세요!)"

마켓이 떠나갈 듯 큰소리로 외쳤다. 나의 목소리에 지나가는 사람들이 너도나도 자판 중간에 준비된 유리 항아리에 가득 찬 형형색색의 구슬을 만지며 연이어 놀란 표정을 짓는다.

"오 마이 고시Oh My Gosh."

감탄사를 연발하며 이게 뭐냐고 물었다. "물에 넣으면 불어나는 매직 구슬이고 꽃병에 담아 장식하는 거"라고 얘기하자, 사람들은 놀라는 표정을 지으며 2개 혹은 4개씩 사 갔다. 미리 준비했던 물건이 오전에 다 팔렸기에 장사하는 내내 자판 아래쪽에서 쉼 없이 구슬들을 포장해 담았다. '나는 팔기 위해 태어난 사람이구나'라는 생각이 스쳤다. 20대 때 장사 경험 이후로 '나'라는 사람의 정체성을 재확인할 수 있었다. 물건을 파는 일만큼은 누구보다 자신 있었다. 목이 쉬어라 큰소리를 내어 손님들을 끌었다. 하루 매출이 최고 500파운드(당시 환율로 약 100만 원)를 찍을 만큼 잘 팔렸다. 밥 먹는 시간도 아까워 빵 하나로 점심을 해결했다. 화장실을 갈 수도 없었다. 화장실 간 사이에 손님이 올 수도 있기 때문이다. 참고 참다 더는 참지 못할 정도가 되었을 때만 옆자리 상인에게 자리를 봐달라고 부탁한 후 뛰어서 화장실을 다녀왔다. 노팅힐에서 장사하다 쓰러져도 괜찮다는 각오로 그 순간만은 모든 것을 정신과 에너지를 장사에 쏟아부었다.

어느 정도 자리를 잡아가던 때에 장난감 가게 사장 킴에게 전화가 왔다. 김은 포토벨로 마켓의 장사에 대해 이것저것 캐물었다.

"젤리 구슬 장사는 잘돼? 하루에 얼마 정도 벌어?"

"응, 진짜 장사 잘돼. 괜찮은 날은 하루에 500파운드 정도까지 팔아. 네 덕분이야…. 고마워!"

통화할 때까지만 해도 이 짧은 대화가 화근이 될 줄은 꿈에도 몰랐다. 한두 주가 지나 포토벨로 마켓에 내가 파는 것과 똑같은 젤리 구슬을 파는 중국 사람들이 보이기 시작했다. 무슨 영문인지 이들은 항상 마켓 입구의 좋은 자리를 얻어 장사를 했다. '그럴 수도 있겠지'라고 생각하고 대수롭지 않게 여겼다. 하지만 얼마 지나지 않아 심각한 상황임을 인지할 수 있었다. 손님들이 마켓 입구에서 이 중국 상인들에게 젤리 구슬을 구입하고 있었다. 아무리 큰 목소리로 손님들을 유도하려 해도 손님들은 웃으면서 "이미 하나 샀어"라고 이야기하며 눈길을 주지 않았다. 매출이 조금씩 줄어들기 시작했다. 얼마 후 중국 상인들은 가격을 낮추어 2개 5파운드에 팔던 구슬을 3개 5파운드에 팔기 시작했다. 나는 페트로를 거쳐 물건을 받으며 중간 마진을 챙겨왔다. 가격을 낮추면 매출 감소가 뻔하지만 달리 다른 방법이 없었다. 나 또한 3개 5파운드에 팔기 시작했다. 그렇지 않아도 경쟁으로 인해 매출이 지속적으로 줄어들었는데 판매 가격을 낮추니 마진이 더 줄어들었다.

날씨가 가을로 접어들자 여행객이 줄고 마켓 손님 역시 많이 줄었다. 젤리 구슬은 주로 직접 만져본 후 사 가는 식이었는데, 쌀쌀한

젤리 구슬 장사

날씨 때문에 손님들은 차가운 물에 손을 담그려 하지 않았다. 손님들이 젤리 구슬을 눈으로만 보고 지나가는 날들이 반복되자 매주 매출이 많이 떨어졌다.

그리고 우연한 기회에 코벤트 가든에서 함께 일하던 사람에게 나의 경쟁자 중국 상인들에 대한 소식을 전해 들었다. 이들은 나와 통화한 장난감 가게 사장 킴과 절친한 친구라고 했다. 나에게 구슬을 도매로 공급했던 페트로도 이들을 통해 젤리 구슬을 받았다고 한다. 중국 상인들이 물건을 더 싸게 팔 수 있었던 이유가 이것이었다. 머릿속이 복잡했다. 내가 장사를 잘하고 있다는 소식에 킴이 내가 버젓이 영업하고 있음에도 불구하고 자기 친구들을 마켓에 보낸

것이다. 배신감이 들었다. 킴과 페트로를 찾아가 따지고도 싶었지만, 모두 내 잘못이었다. 신중하지 못했고 경쟁을 미리 대처하지 못했다. 아무리 친한 사람이라도 장사의 중요한 부분을 이야기할 때는 조금 더 신중했어야 했다. 어떻게든 적자를 만회하려고 안간힘을 썼다. 그동안은 아무리 장사가 잘 안 되어도 하루 노점 렌트비를 낼 정도는 되었지만, 나중에는 하루하루 버티는 것조차 힘들어졌다. 그 무렵 더 이상 지속하기 어렵겠다고 판단을 내렸다. 그리고 고민 끝에 젤리 구슬 장사를 그만두었다.

그새 정이 들었는지 포토벨로 마켓을 떠나고 싶지는 않았다. 다른 물건을 팔아보자는 생각이 들었다. 평소에 눈여겨보았던 상품이 있어 도매 업자를 찾아갔다. 런던 관광 명소가 새겨진 크리스털 기념품이었다. 런던 시내 기념품 매장에서 흔히 판매하는 제품들인데, 잘 팔릴 것 같았다. 이런 느낌에만 기대어 아무 근거 없이 성급히 결정했다. 수소문 끝에 런던 북쪽 외곽 토트넘Tottenham의 도매 업자를 찾아가 물건을 사들였다. 바로 그다음 주부터 젤리 구슬 대신 크리스털 기념품을 팔기 시작했다. 결과는 참담했다. 하루 내내 5개도 팔지 못했다. 처참한 상황이 이어질 때는 하던 일을 잠깐 내려놓고 생각을 정리하며 지난 시간을 돌아보는 게 바람직하다. 하지만 당황하고 불안하면 생각의 폭이 좁아지기 마련이다. 나는 무모하게도 또 다른 아이템으로 장사를 시작했다.

마켓에서 장사가 제법 잘되는 아이템이 몇 개 있었는데, 그중 하나가 여성 액세서리였다. 영국 젊은 여자 두 명이 팔았는데 그 노점에는 항상 사람이 많았다. 나는 한국 제품이라면 더 예쁘고 품질도 좋을 것 같다는 생각이 들었다. 한국 쇼핑몰에서 여성 액세서리를 주문해 대구에 사는 동생을 통해 국제 배송EMS으로 받았다. 그렇게 판매를 시작했다. 크리스털 기념품보다 조금 더 팔리긴 했지만 만족할 수준은 아니었다. 그래도 당시 하루 60파운드였던 렌트비는 낼 수 있었다. 자리를 잡는 데 시간이 필요할 것이라 생각하여 몇 주간 장사를 더 해보았다. 사람들의 취향을 지켜보며 잘 팔리는 제품, 팔리지 않는 제품을 파악하기 시작했다. 그런데도 매출은 늘 100파운드 안팎이었다. 렌트비를 빼고 원가를 제하면 남는 것이 거의 없었다. 같은 실수를 반복한 결과였다. 남이 잘하고 있는 장사를 내가 똑같이 한다고 해서 반드시 성공하는 법은 없다. 또한 '누군가는 사주겠지'라는 막연한 생각에 시장 조사나 제품의 특성을 고려하는 단계 없이 성급히 판매 물건들을 바꾼 것도 문제였다.

사람들이 지갑을 열어 돈을 꺼내게 하는 것은 그리 만만한 일이 아니다. 사람들은 제품의 가치를 따라 돈을 낸다. 젤리 구슬은 다른 곳에서는 볼 수 없는 희소성이 있는 제품이었고, 집안 장식용으로도 사용할 수 있는 실용성까지 있어 잘 팔렸다. 하지만 크리스털 기념품과 액세서리는 굳이 내가 파는 것이 아니어도 어디서든 살 수 있었다. 더군다나 여성 액세서리는 싸다고 사는 제품이 아니다. 돈을 좀 더 지불하더라도 자신을 돋보이게 하는 제품을 사기 마련이다. 나는 또 한 번의 사장 수업을 받고 노팅힐 포토벨로 마켓을 떠났다.

포토벨로 마켓에서 세 번의 장사 실패 후 깨달은 교훈은 평생 가슴에 잘 새겨두었다. 누가 대박이 났다거나 어떤 아이템이 잘된다는 소문이 들려와도 절대 동요하지 않게 되었다. 그 성공은 그 사람 인생에서 때가 되어 그동안 뿌린 씨앗이 열매를 맺는 순간이다. 물론 지금도 내 머릿속에는 수많은 아이디어와 사업 아이템이 있다. 당장이라도 매장을 얻어 사업을 시작하고 싶어 몸이 근질근질하다. 하지만 이제는 당장 뛰어들기보다 사업에 대한 200% 확신이 생길 때까지 시장 조사하고 테스트하고 사례를 연구하고 준비하며 기다린다. 이러한 과정이 다음 사업의 성공을 높이는 길임을 내 뼛속까지 알고 있다.

지금 하는 일에 최선을 다해야 하는 이유

△
　중학교 때 명절이면 어김없이 TV에서 〈미스터 빈〉이라는 영국 코믹 드라마가 방영되었다. 미스터 빈의 코믹 연기에 푹 빠져들어 동생들과 함께 배를 잡고 웃던 기억이 아직도 선명하다. 그래서인지 극 중에 미스터 빈 역을 맡았던 로완 앳킨슨Rowan Atkinson이 타고 다니던 로버Rover의 미니Mini를 언젠가 꼭 한번 타고 싶었다. 흔히들 미니 로버라고 부르는 이 차는 영국 서민들과 함께해온 역사가 있다. 하지만 전설로 불리던 영국의 아이콘 미니도 오랜 경영 악화를 이기지 못했다. 결국 BMW가 로버를 1994년 인수할 때 함께 인수되었다. 지금은 BMW가 제작한 신형 미니가 많은 사람의 사랑을 받고 있다. 안타깝게도 미니의 출생지 영국의 도로에서조차 클래식 미니 로버가 자취를 감춘 지 오래다. 그래서일까, 영국에 오면

미니 로버 차주의 꿈을 이루다.

제일 하고 싶은 일이 '미니 로버 운전하기'였다.

2007년 한국에서 결혼하고 아내와 단둘이 영국에 와서 신혼집을 차렸던 곳이 런던 북서쪽에 있는 루이슬립Ruislip 지역의 이스터코트Eastcote이다. 런던 중산층이 모여 사는, 영국인들이 좋아하는 숲과 공원이 많은 지역이다. 런던 외곽 주택 지역은 한국과 달리 근처에 슈퍼마켓이나 편의점이 드물다. 동네마다 있는 번화가인 하이스트릿High Street에 나가야 중소 규모의 상점과 슈퍼마켓을 이용할 수 있다.

나는 차가 없으니 마켓에 가는 등 이동할 때마다 제약이 많았다. 아내의 허락도 없이 10년이 된 1997년식 녹색 중고 미니 로버를 700파운드(당시 약 140만 원)를 주고 구입했다. 한국에서는 아버지 차를 빌려 타고 다녔는데, 영국에서 내 명의로 된 첫 차가 생겼다.

기쁨이 매우 컸다. 게다가 꿈에 그린 미니여서 처음 며칠은 정말 행복했다. 그런데 한 달 정도 타고 나니 누유도 보이고 기계적 고장이 생겼다. 다른 방도가 없어 중고로 다시 팔고, 같은 차종의 은색 중고 미니 로버를 샀다.

차를 사고파는 과정에서 개인 간 중고차 거래가 차량등록증에 이름과 주소를 적고 판매자와 구매자가 서명해서 영국 차량등록소DVLA에 우편을 보내기만 하면 되는 아주 간단한 일임을 알았다. 그리고 얼마 뒤 지인이 한국으로 귀국하면서 15년 가까이 된 중고 BMW 3 시리즈 차량을 나에게 50파운드(당시 약 10만 원)에 넘겨주고 귀국했다. 이 차량은 운행하는 데 아무 문제가 없었다. 폐차장에 팔아도 고철값으로 50파운드는 더 받을 수 있었다. 이 차를 중고차 사이트에 등록하고 같은 연식으로 시세를 확인해보니 적어도 700파운드는 받을 수 있을 것 같았다. 조금 저렴하게 500파운드에 올리자 문의가 폭주했다. 나는 10배를 받고 파는 것이지만, 500파운드도 시세에 비해 저렴했던 것이다. 올린 지 하루도 되지 않아 스리랑카계 남자가 와서 두말없이 차를 사 갔다.

'이 정도면 중고 자전거 파는 것만큼 쉬운데…'

중고차를 싸게 구입해서 문제가 있는 부분은 정비소에 가서 수리하고 외관을 깨끗하게 세차해서 다시 제 가격에 팔면 괜찮은 비즈니스가 되겠다는 생각이 들었다. 사실 이 아이디어는 한국에서 대학생 때 중고 휴대폰 장사를 할 때 생긴 것이다. 중고 휴대폰 장사도 똑같았다. 집에 버려진 혹은 지인들이 사용하지 않는 자급제 중고 휴대폰이 누군가에게는 임시로 급하게 필요한 물건임을 알았다. 고장 난 휴대폰은 의외로 간단히 수리할 수 있지만, 사람들은 이 사실을 잘 몰랐다. 서비스센터에 맡기면 1만~2만 원에 간단히 문제가 해결되기도 했다. 그때는 이 경험이 영국에서 중고차 장사에 쓰일 줄 몰랐다.

그길로 바로 미니를 살 때 이용했던 중고차 거래 웹사이트를 뒤지기 시작했다. 차창에 '차량 판매For Sale'라고 붙여놓고 길가에 세워둔 중고 판매 차량도 찾아다녔다. 그렇게 시간이 나면 런던 구석구석을 돌아다녔고 금전적 여유가 있을 때마다 중고차를 사 모으기 시작했다. 자본이 없으니 한 대 팔아 이익이 남으면 다시 그 돈으로 다른 차를 샀다. 차츰차츰 구입한 중고차 대수가 늘어나기 시작했다. 집 앞 주차 공간이 2~3대였는데, 이것이 모자라 동네 근처 공터에 구입해 온 중고차를 세워두었다.

한국에서는 중고차라도 싸게 팔면 의심하고 구입을 꺼린다. 그런데 영국에서 중고차 거래를 할 때 차에 문제가 있어서 싸게 판매하는 경우는 나에게 더 좋은 기회였다. 판매자도 빨리 팔고 싶어 하기에 얼마든지 흥정을 통해 원하는 가격에 중고차를 살 수 있었다. 구입한 차는 동네 근처에 단골로 다녔던 차량 정비소에 맡겨 수리한 후 다시 판매 가능한 상품으로 만들었다. 어떤 제품과 서비스에 부가가치를 창출해낼 약간의 감각만 있으면 어떤 일이든 사업으로 키워나갈 수 있다. 100만 원짜리 물건을 약간의 노력으로 1,000만 원에 팔 수도 있다. 부가가치를 창출하는 기술이 지금도 내가 하고 있는 사업의 근간이 된다. 군대에서 운전병을 하며 어깨너머 배운 정비 지식이 꽤 유용하게 활용되었다. 중고차를 구입하거나 정비할 때 속지 않고 거래할 정도는 되었으니 말이다. 차를 사고팔면서 다시 한번 나의 정체성을 확실히 알 수 있었다. 나는 물건을 팔 때 살아 있음을 느끼는 존재였다. 물건을 판매하는 행위에서 행복감을 느꼈다. 사업은 나의 천직이었다.

구입하여 재판매한 차량의 대수가 1년 만에 30대를 넘겼다. 한국에서 자동차 영업을 했으면 전국 '판매왕'을 차지했을 것 같다. 물론 고가의 차는 손댈 수 없었다. 주로 10년 안팎의 오래된 중고차들을 거래했다. 피아트 푼토Fiat Punto, 폭스바겐Volkswagen의 골프Golf와 폴로Polo, 혼다 어코드Honda Accord, 토요타 코롤라Toyota Corolla, 닛산 프리메라Nissan Primera, BMW 3 시리즈, 로버 등 영국 사람들이 주로 많이 타는 차들은 이때 거의 다 타보았다. 내가 구입하는 가격도 저렴했지만 판매가도 그리 높지 않았다. 한 대당 적게는 200~300파운드에서 많게는 500파운드 가까운 수익을 올렸다. 당시 아르바이트 시급으로 6~7파운드 받던 시절이니 꽤 높은 금액이었다.

하지만 돈이 내 수중에 들어올 때까지의 과정은 녹록하지만은 않았다. 나름대로 차량에 관한 기본 지식도 있었고 전문적인 정비는 외주를 통해 관리했지만 취급했던 차량이 모두 연식이 오래되다 보니 예상치 않은 문제에 봉착할 때가 많았다. 때로는 예상치 않게 수리비가 많이 나와서 손해를 볼 때도 있었다. 판매 후 애프터서비스할 수 있는 시스템이 갖추어져 있지 않으니 고객의 불만에 대응할 수 없었다. 자동차 산업은 본디 자본 집약적인데, 영세하게 운영하다 보니 늘 현금흐름이 불안정했다.

차량을 구입할 때 목숨을 걸어야 하기도 했다. 한번은 피아트 푼토를 샀는데 그 차를 타고 가던 중 도로 중간에서 냉각수가 넘쳐 도로에 차를 세워두었다가 다음 날 찾아간 적도 있다. 또 한번은 멀쩡해 보이는 혼다 시빅Civic을 구입한 후 고속으로 달리는데 핸들을 돌릴 때마다 바퀴가 빠질 듯이 차가 흔들려 생사를 넘나들었다. 그럴 때마다 아내는 허탈한 웃음을 지으며 나를 바라봤다. 자동차라면 누구보다 잘 안다고 자신했는데 이런 일이 생기니 나도 민망했다. 나는 씩 웃으며 "원숭이가 나무에서 떨어지는 날도 있지 뭐"라며 넘어갔다. 그다음 날 다시 돌아가 판매자에게 따지자 자기도 몰랐다며 발뺌을 했다.

나에게 차를 구입한 사람들과도 갈등이 있긴 마찬가지였다. 10년식 차를 샀으면서도 새 차와 같은 상태를 요구하는 사람도 있었고, 며칠 뒤 차가 마음에 들지 않는다며 환불해달라며 전화로 고래고래 소리를 치는 사람도 있었다. 이런 크고 작은 문제들이 쌓이니 고

내가 판매한 다양한 중고차

비가 왔다. 싼 가격의 물건을 거래하니 가격 민감도가 높은 사람들과 만날 일이 잦아 거래 가격을 두고 불필요한 감정 소모가 많았다. 한국 돈으로 200만~300만 원 사이의 오래된 중고차만 취급했기에 이런 가격대의 차량을 찾는 사람들은 한두 푼에도 민감했다. 불만도 더 많았다. 이들과 지지고 볶는 일이 반복되어 피로가 축적되기 시작하였다.

쉬운 거래 방식이었음에도 그 나름의 어려움이 많았다. 하지만 이런 환경에서도 할 수 있는 모든 것을 실행했다. 더 나은 제품을 더 낮은 가격에 제공하겠다는 생각으로 더 많이 행동했다. 그 덕분에 한 걸음 한 걸음 미래로 나아가는 인생의 좋은 디딤돌이 되었다. 더 장사를 지속하고 싶은 마음이 있었지만, 때마침 처음 1년간 등록한 영어 어학 코스 이후의 추가 1년간의 어학 코스를 마쳤다. 학위 과정으로 입학하는데 학비와 생활비도 어느 정도 충당되었다. 그래서 일을 정리했다. 남은 차량은 손해 보지 않을 정도의 시세보다 저렴한 가격으로 모두 처분하였다.

우리 인생에 마주하는 사건들과 그 속에서 얻은 경험들은 모두 특별한 의미가 있다. 우연히 나에게 다가온 것이 아니다. 젊은 시절에는 시간은 많지만 경험이 부족하고, 나이가 들어갈수록 시간은 없지만 경험이 쌓인다. 시간을 돈이라고 한다면 시간의 축적물인 경험도 곧 돈이다. 20대 우연히 시작했던 중고 휴대폰 장사가 30대 중고 자동차 장사의 디딤돌이 될지는 그땐 몰랐다. 비단 중고차 장사뿐만이 아니다. 살아오면서 비슷한 일을 숱하게 경험했다. 그런 의미에서 과거는 현재와 연결돼 있고 현재는 다시 미래와 연결된다. 우리가 현재 삶에 충실해야 하는 이유가 여기에 있다.

사업을 하면서 자연스레 많은 사람과 함께 일하였고 지금도 하고 있는데, 놀랍게도 생각보다 많은 이들이 현재와 미래를 별개로 생각하고 있었다. 이들은 "나는 여기에서 일할 사람이 아닌데, 어쩔 수 없이 일하고 있다"는 말을 자주 한다. 그러면서 대충 근무시간을 때우다 간다. 현재 자신이 위치한 자리에서 성실함을 증명하지 못한 사람이 미래의 어느 곳에서 최선을 다해 인정을 받는 것이 가능할까? 결국 모든 것은 태도이다. 돌아보면 다행히도 나는 어딜 가든 그곳의 환경과 조건에 상관없이 '주인'처럼 일했다. 남의 일과 나의 일에 경계를 두지 않았다. 지금은 그에 대한 보상을 충분히 누리고 있다. 현재의 모든 것이 미래와 연결된다는 신념이 있으면 현재의 경험은 10년 뒤 만기가 되는 '적금통장'과 같다. 현재 우리와 마주하는 모든 것에는 의미와 가치가 있다. 또 많은 부분 새로운 기회가 된다. 그러니 순간순간을 의미 없이 스쳐 보내지 말고, 시간을 꽉 붙잡아 인생의 통장에 차근차근 쌓아갈 필요가 있다. 10년 뒤 타게 될 적금의 금액은 지금 현재를 대하는 나의 자세에 달려 있다.

카르페 디엠Carpe diem!

사업을 한다는 것은
모든 것을 내가 책임진다는 것

△

아내는 첫 아이를 낳고 출산휴가 후 회사로 복귀했다. 나는 아내를 대신해 전업주부로 2년간 아이를 보살폈다. 마침 1년 간의 대학원 과정을 마치는 시점이었다. 내가 할 일이 뚜렷하게 정 해지지 않은 상태였기에 아내가 회사로 돌아가는 것 외에 다른 선 택지가 없었다. 첫째 아이가 태어난 후에 나도 틈틈이 육아에 참여 했기에 혼자서 아기를 보는 것에 별다른 부담감이 없었다. 그렇게 전업주부로 아기를 키우기 시작했다. 아이가 배고플 시간이 되면 분유를 먹이고, 오후에는 등에 업고 낮잠을 재웠다. 그래도 잠을 자 지 않으면 유모차에 태워 근처 골더스 파크Golders Park로 나가 한두 시간씩 걷다가 집으로 돌아오곤 했다.

아이가 걷기 시작하고 말도 하고 뛰어다닐 즈음에 변화가 생겼다.

육체적으로 힘든 것은 얼마든지 참을 수 있었다. 그러나 30대 건장한 남자가 매일 집에서 아기를 키우며 아내의 수입에 의존해야 하니 자존감이 곤두박질쳤다. 물론 중간중간 단기성 일자리가 있으면 아이를 주변 지인들에게 맡기고 일하러 나섰고, 주말을 이용해 돈을 벌기도 했다. 하지만 그것만으로는 갈증이 채워지지 않았다. 꾸준히 독서를 하고 사업과 관련한 준비를 조금씩 했지만, 실질적으로 손에 잡히는 것은 없었다.

그러던 중에 우연히 인터넷 기사에서 한국의 새로운 콘셉트의 비즈니스인 소셜커머스 티켓몬스터에 관한 기사를 봤다. 티켓몬스터 대표 신성현 씨는 미국에서 MBA를 마치고 세계 최고의 컨설팅 회사 맥킨지에 근무했는데, 자신의 꿈을 이루기 위해 그만두고 한국으로 돌아왔다고 했다. 그는 자신의 꿈을 이루기 위해 2010년 다섯 명의 친구들과 단칸방에서 사업을 시작했다. 지금은 거대 기업이 된 쿠팡도 티켓몬스터가 설립된 지 몇 해 뒤인 2013년에 소셜커머스로 사업을 시작했다.

나도 할 수 있겠다는 생각이 들었다. 그래서 이리저리 궁리를 해보았다. 런던 시내에서 아시아인들이 운영하는 레스토랑을 제대로 홍보해주는 곳이 없다는 사실이 떠올랐다. 소셜커머스 반값 할인을 통해 아시아 식당들을 홍보해주면 좋은 비즈니스 아이템이 될 수 있을 것 같았다. 함께하면 좋겠다고 생각나는 사람이 두 명 있었다. 어릴 때 부모님을 따라 이민 와서 영어를 유창하게 하는 남자 후배

동료들과 함께

S와 잘 알고 지내던 친구 M이었다. 이들과 함께 시작했다. 나와 S는 영업을 나가고, M은 주로 행정이나 사무를 맡았다. 마땅한 사무실이 없어 집 거실이나 카페를 주로 이용했다. 아기를 봐줄 사람이 없어 아기를 데리고 직원들과 미팅을 하며 몇 달간 준비 과정을 가졌다. 은행 빚을 내서 운영 자금을 마련하고 회사를 설립했다.

참고로 영국에서 사업자를 등록하는 데는 30분도 채 걸리지 않는다. 사업자등록을 대행해주는 서비스도 많이 있다. 구글에서 회사 설립Company Incorporation을 검색하면 수많은 대행 업체가 노출된다. 그중 한 사이트에 들어가 원하는 회사 이름을 입력하면 사용 가능한 이름인지 확인할 수 있다. 그 외 주소지와 사업자에 관한 상세 사항을 기입하고 주소지 증명서나 신분증을 첨부하면 30분 안에 사업자등록이 완료된다. 비용은 30파운드(약 5만 원) 내외이다. 사업자등록증을 지참해서 은행에 방문해 법인 계좌를 열면 기본적인 회사 설립이 완료된다. 그 외 필요한 세무 관련 정보는 회계사가 알아서 해준다. 비용은 천차만별인데 대략 한 달에 한화로 50만 원 안팎이다.

회사 이름은 '수폰SUPON'으로 지었다. SUPON은 'SUPER'와 'CUPON'의 합성어로 '슈퍼 쿠폰'이라는 뜻이다. 한국 언론에서는 계속해서 한국의 티켓몬스터와 미국의 그루폰Groupon이 적극적으로 마케팅을 하며 전 세계로 사업을 확장해나가고 있다는 소식을 전했다. 마음이 조급해지기 시작했다. 하루빨리 가급적 많은 레스토랑을 영업해서 반값 할인 상품을 만들어 런던 시내 대표적인 소셜커머스로 사업을 성공시키고 싶었다. 런던 구석구석에 숨어 있는 맛집을 소개하자는 나름대로 괜찮은 의도였다. 입에 침을 튀기며 사업의 선한 의도와 비전을 얘기하니 주변 사람들이 사뭇 진지하게 들어주며 아이디어가 괜찮다고 격려해주었다. 자신감도 생기고 아이디어에 대한 확신이 들었다.

웹사이트 제작을 런던 현지에 맡기면 비용이 너무 비싸 한국 몇몇 업체를 수소문해 그중 한 곳과 작업을 시작했다. 제작 비용이 400만 원이었으니 영국 업체보다 5배 정도 싼 금액이었다. 전액을 일시불로 지불했다. 대략 2달 정도면 되겠다는 업체 대표의 말에 웹사이트 사업 론칭 기간을 2달 반에서 3달 정도 뒤로 잡았다.

SUPON 로고 시안

자본금이 없는 상황에서 홍보 전략을 고민하던 중에 한때 한국에서 유행했던 전자파 차단 스티커가 생각났다. 영국 사람들이 전자파 차단이라는 기능을 좋아할 것 같았다. 휴대폰에 붙이고 다니면 그 사람 주변의 최소 50명에서 100명에게 자연스럽게 구전이 이루어지리라는 계산이었다. 이것도 인터넷으로 검색해서 수소문 끝에 한 업체를 찾았다. 금박으로 된 5cm 크기의 2층 버스 모양의 전자파 차단 스티커에 웹사이트 주소 supon.co.uk를 새겨달라고 주문했다. 수량이 많아야 단가가 낮아지니 1만 개를 주문했다. 수많은 런더너Londoner가 수폰 웹사이트 주소가 새겨진 스티커를 휴대폰

홍보용 사은품으로 만든 전자파 방지 스티커

에 붙이고 다닐 것을 생각하니 가슴이 뛰었다. 이렇게 열심히 하면 런던을 제패할 수도 있겠다는 생각이 들었다. 모든 것이 그럭저럭 잘 진행되었다.

먼저 아시안 레스토랑 리스트를 만들었다. 아무래도 한인들이 한식당과 일식당을 많이 경영하고 있어서 영업하기 쉬운 곳부터 접근하기로 했다. 한식당과 일식당을 먼저 공략하기로 했다. 레스토랑 웹사이트를 통해 이메일 주소를 확보하고 홍보 자료를 첨부해 DM을 보냈다. 며칠 뒤 런던 뱅크Bank 지역에 있는 식당 한 곳에서 연락

SUPON 최초의 고객을 위한 광고

이 왔다. 고급 한식 바비큐 전문점이었는데 우리의 아이디어에 적극적으로 호응했다. 마침내 계약을 성사시켰고 첫 고객을 확보했다. 이 식당은 수폰 오픈 날에 반값 티켓을 판매하겠다고 했다. 뭔가 잘될 것 같은 생각에 모두가 힘이 났다.

비슷한 웹사이트 제작 경험이 풍부하니 걱정하지 말라는 업체 대표의 말을 믿고, 웹사이트가 만들어지는 두 달간 영업에 매진하였다. 수폰의 성대한 서비스 오픈을 위해 런던에서 할 수 있는 모든 일을 할 작정이었다. 그런데 처음 한두 주는 부지런히 웹사이트 템플릿 시안을 보내오던 업체가 한 달쯤 지나자 이상하게 굼뜬 모습을 보였다. 뜸하게 업데이트 소식을 전하였다. 어떻게 진행되어 가는지 문의해도 답변이 늦었다. 그나마 돌아오는 대답도 단순히 "잘 진행되고 있다"가 전부였다. 뭔가 낌새가 이상했다. 제작을 시작한 지 두 달 가까이 되어가는 시점에서도 회사의 웹사이트 도메인 supon.co.uk는 초기 버전 템플릿만 그대로 유지되고 있을 뿐 업데이트가 거의 되지 않았다. 서비스 론칭 날짜가 점점 다가오자 입술이 바짝바짝 말랐다.

일하다 보면 당연히 작업이 지연될 수도 있겠다 싶어 별말 없이 며칠 더 기다렸다. 그런데 오픈 일주일 전에 업체 대표에게 연락이 왔다. "죄송합니다. 우리가 감당할 수 있는 기술이 아닙니다"라고 변명하며 포기하겠다는 뜻을 전했다. 눈앞이 깜깜했다. 솟구치는 화를 참을 수 없어 그에게 소리를 지르며 화를 냈다. 하지만 전화상으로 계속해서 따져봤자 "죄송합니다"라는 답변만 메아리치듯 돌아왔다.

'아기를 봐줄 사람이 없어 심지어는 업무 미팅도 유모차에 아기를 태운 채 진행하면서 어렵게 준비했던 일인데…'

이번엔 정말 잘해보고 싶었다. 런던에서 여러 번 실패하고, 포토벨로 마켓에서 사람에게 배신을 당하고 떠나온 지 아직 얼마 되지 않았던 시점이다. 여러모로 마음이 많이 상했다.

'왜 난 하는 일마다 이럴까?'

뭘 해도 잘되지 않고 일이 꼬이는 내 인생을 보면서 거듭 자책했다. 다시 업체를 찾아 웹사이트를 제작할 시간도 자본도 남지 않았다. 그렇게 또다시 실패의 쓴잔을 마셔야만 했다. 얼마 남지 않았던 초기 자본금은 모두 바닥났다. 그나마 남은 돈은 두 명의 직원에게 위로의 뜻을 담아 수고비 차원으로 주었다. 사업자등록을 하고 6개월도 안 되어 사업을 접고 폐업 신청을 했다. 영국에서는 법인회사Limited Company를 설립하는 것이 간단하지만, 회사를 폐업하는 데는 번거로운 신고 절차가 존재한다. 그간 발생한 수입을 신고하고 그에 대한 세금을 내야 하기 때문이다. 다행히 수입은 없고 지출만 있었던 상황이었기에 빠르게 정리가 되었다. 법인 명의로 된 은행 계좌도 해지했다.

엄격히 따지자면 내 잘못은 아니었지만, 결과적으로 모든 것이 내 책임이었다. 여러 가지 원인이 있겠지만, 자본금이 부족한 상황에서 무리하게 돈을 아끼려다 보니 영세 업체와 거래한 것이 첫째 패인이었다. 웹사이트 제작사의 포트폴리오나 그동안의 작업 결과물을 꼼꼼히 확인했다. 국내 소셜커머스 사이트를 제작한 경력도 있어 철석같이 믿었다. 비즈니스를 준비하는 모든 절차는 일종의 프로젝트이다. 먼저 프로젝트 플랜Plan을 세우고 그에 따른 시간과 인력 그리고 비용을 산정하는 작업이 우선이다.

작업 비용 전액을 일시불로 지불한 것 또한 나의 실수였다. 프로젝트 기간을 나누어 작업이 진행되는 정도에 따라 지불했다면 안전

SUPON 웹사이트 시안

장치를 마련할 수 있었을 것이다. 하지만 안전장치를 두지 않았으니
위험이 닥쳐왔을 때 어쩔 도리가 없는 것은 당연했다. 돈은 거짓말
을 하지 않는다. 내가 지불한 만큼의 결과물을 얻는 것 또한 당연하
다. 조금 무리하더라도 공신력 있고, 기술과 신뢰가 탄탄한 회사와

계약했어야 했다. 인터넷을 기반으로 하는 온라인 비즈니스는 웹사이트의 품질이 오프라인 매장을 대신한다. 그런데 매장 영세 인테리어 업체를 고용해서 저렴하게 작업하려다가, 오픈도 하기 전에 공사하다 망한 격이 되어버렸다.

둘째 패인은 나에게 회사를 운영하며 사람과 고객을 관리하는 역량이 부족했다는 것이다. 시장에서 장사하고 혼자서 물건을 팔러 다녔기에 사람을 다루는 법이나 직원과 고객을 관리하는 방법과 관련한 지식과 경험이 없었다. 직원들과 소통하고 협업하는 방식이 서툴렀고 무엇보다 고객들에게 휘둘려 나에게 좋은 선택이 아님에도 그들이 원하는 조건에 맞춰줘야 했다. 가령 처음으로 계약을 했던 업체와 대등한 파트너 관계로 계약을 하지 못했다. 같은 한국인이고 세나가 나와 우리 식원이 어려 보이고 만만해 보였는지 커미션과 관련된 계약 조건을 상대방 업체가 유리한 조건으로 끌어갔다. 좋은 기회가 왔고 주변에 좋은 인적 자원도 있었다. 게다가 아이디어도 시대의 트렌드를 잘 반영하는 사업이라 충분히 승산이 있었다. 하지만 나 자신이 사업가로 준비되지 못한 상태였다.

누구보다 많은 아이디어를 갖고 있고 실행력도 뛰어나다고 자부해왔다. 이는 나의 장점이 분명하다. 하지만 사업은 아이디어와 열정만으로 되는 것이 아니다. 흔히 말하는 '내공'이 필요하다. 대한민국 최고 자기 경영 전문가인 공병호 박사는 자신의 저서 『공병호의 내공』에서 "재능은 하늘이 주지만 내공은 내가 만든다"라고 강조한다. 공 박사 주장의 핵심은 한마디로 '끊임없는 성장'이다. 즉 어제보다 조금 더 나은 사람이 되기다. 오늘보다 내일 좀 더 성장해야 자연스레 내공이 깊어진다. 나는 아이템을 보는 눈이 뛰어나 기회를 자주 만났지만, 사업가로 단단히 성장하지 못했으니 그 기회를 감당할 내면의 힘이 부족했었다.

당시에는 나 자신과 세상을 원망했다. 하지만 지금의 나는 이 모든 것들이 실패를 딛고 조금 더 성장하고 나은 사람이 되는 과정 중에 겪은 성장통이라는 것을 잘 안다. 아픈 만큼 힘이 길러진다. 그 덕분에 지금은 사업을 하는 중에 웬만한 고비나 어려움이 와도 덤덤히 받아들이고 처리할 만한 제법 단단한 맷집이 생겼다. 인생에 한 번에 되는 것은 절대 없다. 매일매일 배우고 깨닫고 실전하며 또 실패하며 성장하는 길밖에 없다. 그것이 우리가 사업가로 날마다 새로워지는 유일한 길이다.

고객이 돈을 쓰는 이유부터 알아야
1,000만 원짜리 상품을 팔 수 있다

△

2012년이었다. 한국 지인으로부터 초등학생 딸과 아들을 한 학기 동안 영국으로 단기 유학을 보내고 싶다는 연락을 받았다. 마침 주변에 유학원을 하시는 분이 계셔 소개해주었다. 지금도 그렇지만 해외 조기 유학은 학부모들의 관심이 높은 만큼 문의가 많다. 학생 한 명당 영국 조기 유학 비용은 1년에 1억 원 정도다. 학비도 비싸지만 그 외에도 악기, 스포츠, 어학 등의 과외수업 비용이 추가로 발생한다. 무엇보다 만 18세 미만의 학생들은 영국 내 법적인 보호자인 가디언Guardian을 두어야 한다. 이로 인해 추가 비용이 또 발생한다. 유학원 사장님은 "매년 수십 명의 초중고 학생들이 영국으로 유학을 온다"고 했다. 그리고 "1년에 1억 원 이상의 비용을 자녀의 유학비로 지출할 수 있는 경제력이 있어야 하니 고객 대부분이 병원장, 대기업 임원 혹은 사업가"라고 덧붙였다.

유학원에 지인의 큰딸과 작은아들을 소개했더니 유학원에서 나에게 몇 달간 아이들의 가디언을 맡아달라는 부탁을 해왔다. 그 당시로는 꽤 큰돈을 수고비 명목으로 제시했다. 주중에는 학교 기숙사에서 지내니 주말이나 학기 중간, 방학에만 학생을 맡는 일이라 어렵지는 않았다. 이렇게 학생들과 인연이 되어 주말에는 가족처럼 함께 시간을 보냈다. 그때 우리 아이들은 아주 어렸는데 좋은 형과 누나가 생기고 추억도 쌓았다. 그리고 지인의 아이들은 두 학기를 잘 마치고 한국으로 돌아갔다.

그리고 몇 년 후, 운영하던 사업을 여러 번 정리한 후 고민이 많았다. '뭐라도 해봐야지'라는 생각에 사업 아이템을 궁리해봤지만, 자본이 전혀 없는 상황에서 다시 사업을 시도하기 쉽지 않았다. 그럼에도 포기하지 않고 계속 고민하자 유학 사업이 눈에 들어오기 시작했다. 당시에 한국에서 조기 유학 수요가 증가하고 있다는 소식을 들은 참이었다. 시장 조사를 통해 틈새시장을 파악해보았다.

장기 조기 유학은 보내기 어렵지만, 여름방학을 이용해 단기 영어 연수(캠프)를 보내고자 하는 학부모가 많을 것이라는 생각이 들었다. 마침 유학원을 운영하는 주변 사람에게 물어보니 여름방학이 성수기라고 했다. 지인을 통해 유명한 어학원과 대학교 부설 영어 캠프 정보를 얻었다. 웹사이트를 통해 어떤 프로그램이 있는지, 가격은 얼마인지 찾아보았다. 한국 시장을 알아야 했기에 한국 유명

유학 사업을 할 당시 프로그램 안내문

유학원과 어학연수 대행 업체 웹사이트에서 연수 기간, 상품 판매가 책정 방식 등을 조사했다.

수집한 정보를 바탕으로 항공료는 빼고 2주 캠프 일정은 450만 원, 3주 일정은 550만 원으로 책정했다. 다행히 유학원 일을 오래 하신 친지 분이 계셔서 조언을 얻을 수 있었다. 시장 조사를 하고 현직자에게 조언을 얻고 나니 이렇게 쉬운 일을 왜 빨리 시작하지 않았을까 싶었다. 상품을 구성해서 학생들을 모집하면 되는 간단한 일로 보였다. 한국에서 단기 아르바이트 직원을 뽑아 준비된 자료로 서울에서 오리엔테이션을 하고 한국에서 인솔자를 고용해 인천공항에서 영국 런던까지만 오면, 그다음부터는 내가 잘 운영할 수 있는 일들 같았다. 현지에서 차량이나 숙소를 잡으면 되고 캠프에 입소한 학생들 상태를 중간중간 확인만 하면 될 것이었다. 머릿속으로 대략적인 구상을 하니 학생 10여 명만 모집해도 2,000만 원 정도는 쉽게 벌 수 있을 것 같았다. 갈수록 영국 어학연수에 대한 관심도가 높아지고 한국에서도 여전히 영어를 중요시하니 이 사업의 성공 가능성이 커 보였다.

사업자등록을 할까 했지만, 우선은 이번 여름방학 캠프를 운영해보고 본격적으로 시작하기로 했다. 바로 영어 캠프 홍보물을 만들고 선정한 2개 어학원 소개 자료를 첨부하자 그럴싸한 유학원 소개지가 완성되었다. 그동안의 사업 경험으로 이만하면 되겠다는 생각이 들었다. 한국에 있는 지인들에게 카카오톡과 이메일로 자료를 보냈다. 어머니가 한국에서 오랫동안 몬테소리 교육 일을 하셔서 초등학교 학부모를 많이 알고 있었다. 어머니에게 자료를 보내드리고 홍보를 부탁드렸다.

교육 사업은 재고도 쌓이지 않고, 초기 자본도 많이 들지 않는다. 영국의 학제에 대해 잘 알고 학교 관계자들과 좋은 관계를 유지하며 무엇보다 학생들이 원하는 학교에 잘 들어갈 수 있도록 가이드를 해주면 된다. 물론 유학원 하시는 분들을 보면 지방에 있는 학교로 학생들을 데려다주고 또 데리고 와야 하는 등 꽤 손이 많이 가는 것이 사실이다. 그 외에도 입학 사정에 대한 정보도 많이 갖고 있어야 한다.

아직 제대로 준비되지는 않았지만, 영국에서 대학교를 졸업했기에 학교 정보를 수집하고 관계자들과 연락을 주고받고 만나는 일은 그럭저럭 잘할 수 있을 것 같았다. 앞으로 차근차근 배우면 더 발전이 있을 터였다. 행복 회로를 돌리며 한국에 보낸 홍보물에 대한 반응을 기다렸다. 고객들은 관심을 보이긴 했지만 그뿐이었다. 더 이상의 진전이 없었다. 구체적인 문의나 계약으로 이어지지 않았다. 이상한 느낌이 들어 대구 엄마들의 나눔의 공간인 '대구맘' 카페에도 홍보 글을 올렸다. 전국에서도 학구열이 뜨겁기로 소문난 대구지역의 학부모들에게 홍보하면 좀 더 효과가 있을 것이라 생각했다. 그런데 어쩐지 이 방법도 별다른 효과가 없었다.

교육 상품 구성도 괜찮고, 가격도 유명 어학원에서 제공하는 것에 비해 상대적으로 저렴했다. 그런데 왜 외면하는지 이해가 되지 않았다. 학부모 한 명으로부터 문의가 왔었지만 결국 그것도 무산되었다. 결국 한 명의 학생도 모집하지 못하고 프로젝트를 접어야만 했다. '유학원에서 근무하며 경력과 인맥을 쌓았어야 했나'라는 생각이 순간적으로 스쳤지만, 이보다 더 큰 다른 문제가 있음을 깨닫기까지 오랜 시간이 걸리지 않았다. 물론 런던에서 유학원 사업을 하는 사업자들의 대다수가 처음엔 여행사나 유학원에서 경력을 쌓기 시작해서 내공을 쌓고 인맥을 넓혀나간 것이 사실이다. 하지만 프로젝트를 실패한 핵심은 다른 곳에 있었다.

첫 번째는 프로젝트를 넘어 회사가 '신뢰'가 있는 업체인지에 관한 것이다. 자녀들이 장기간 해외에 있는 동안 아이들을 맡겨야 하는 부모 입장에서는 회사 연혁도 없고, 검증도 안 된 곳에 신뢰를 주기란 어려웠을 것이다. 유학원 사업자들이 지나가는 말로 "학생들이 소개로 많이 옵니다"라고 말했던 의미를 그때에서야 깨달았다. 유학원 사업은 철저하게 '신뢰'를 바탕으로 이루어지는 비즈니스였다. 더군다나 큰 목돈을 들여 자녀들을 영국으로 보낼 정도면 경제력이 있는 사람들이다. 그런 사람들이 한두 푼 싸다고 위험 부담을 안고 자녀들을 영세 업체에 보낼 리가 없다. 비용이 들더라도 경력이 있거나 장기간 사업을 해온 안전한 유학원을 선택할 것이다.

해외 유학업은 마케팅에서 배운 관여도Involvement가 가장 주요하게 적용되는 사업 분야이다. 마케팅 이론에는 고관여High involvement, 저관여Low involvement라는 개념이 있다. 소비자가 상품이나 서비스를 구매할 때 정보를 탐색하는 과정에 투입되는 시간과 노력의 정도를 말한다. 고관여도 상품과 서비스일 경우 저관여도에 비해 상품 탐색 과정에서 비교·평가에 투입되는 시간과 노력이 길어 구매 결정까지 오랜 에너지가 소요된다. 고가의 자동차나 가전제품, 가구, 명품 그리고 교육이 고관여도 상품의 좋은 예이다. 구매 의사결정까지 시간이 상당히 길고 무엇보다 다른 고객의 후기나 구전WOM: Word of Mouth이 구매에 많은 영향을 끼친다. 저관여도 제품은 우리가 일상생활에서 쉽게 결정하고 습관적으로 구매하는 샴푸, 휴지, 음료수 등의 생필품 같은 것이다. 습관성 소비 경향이 있고 광

유학 사업은 고관여 상품을 다룬다.

고의 반복적 노출이 효과적으로 작용한다. 나는 마케팅을 전공했음에도 정작 사업을 할 때는 배운 이론보다 직감에 충실했다. 유학 상품을 가벼운 생필품처럼 취급했던 것이다.

둘째, 마케팅 타깃 설정과 전략이 잘못되었다. 상품 구성의 가성비가 좋은 편이었지만, 수업비, 항공료, 기타 경비(런던과 프랑스 파리 여행)를 합치면 3주 캠프 비용은 1,000만 원에 달했다. 그렇다면 대중 마케팅Mass Marketing이 아니라 표적 마케팅Target Marketing 전략을 사용해 중산층 이상의 경제적 여유가 있는 학부모를 대상으로 홍보했어야 했다. 대구 수성구나 서울 강남은 전국에서도 학군이 좋기로 소문난 곳이다. 물론 땅값도 비싼 곳이다. 그렇다면 불특정 다수를 대상으로 상품 홍보를 할 것이 아니라 대구 수성구나 서울 강남에 있는 영어학원이나 이 지역에 거주하는 학부모들의 커뮤니티를 조사하고 영업했어야 했다. 교육이 고관여도 상품인 만큼 지속적으로 신뢰를 쌓아야 하고, 엄마들의 입소문이 구매 결정에 큰 영향을 미치는 만큼 장기적으로 접근해서 사업을 준비했어야 했다.

슈퍼마켓에서 생필품 팔듯이 불특정 다수에게 1,000만 원 상당의 고가 교육 상품을 팔겠다고 달려들었으니 결과는 불 보듯 뻔했다. 경영학과 마케팅을 공부했으면서도, 근거에 기반을 두지 않은 채 나의 아이디어와 사업 아이템은 잘될 것이라는 막연한 기대감으로 무작정 덤볐다는 사실이 부끄러웠다. 장사나 사업을 시작하는 사람 대부분은 제품과 서비스를 이용해줄 고객이 존재할 것이라는 막연한 기대감을 갖고 출발한다. 하지만 누가Who 구입할 것인지에 대한 고민은 물론 왜Why 나의 제품을 이용해야 하는지에 대한 이유를 찾지 못하면 그 사업은 출발을 보류하는 게 맞다. 내가 팔았던 1,000만 원 교육 상품에 대해 '누가 왜 살 것인가?'라는 질문만 스스로 했었더라도 다른 방법을 찾아볼 수 있었을 것 같다. 고객들은 나로부터 상품을 구입할 이유도 없었다. 사업가는 '막연한 기대'를 경계해야 한다. 내가 상상하고 생각하는 시장은 어쩌면 존재하지 않는 신기루일 수도 있기 때문이다.

난생처음 의류 사업,
나만의 콘셉트가 있어야 경쟁에서 이긴다

△

노팅힐 포토벨로 마켓에서 한참 장사를 하던 시절, 우리
보다 먼저 영국에 정착한 부부를 알게 되었다. 마침 이분들이 경제
적 어려움을 겪고 있어 마켓 매니저에게 소개해주고 포토벨로 마켓
에서 장사할 수 있도록 도움을 주었다. 부부는 한국에서 여성 의류
를 받아 판매하며 마켓에서 자리를 잡아갔다. 워낙 성실하고 사업
수완이 뛰어나서 내가 노팅힐 장사를 정리하고 나간 뒤에도 그곳에
서 건실하게 사업을 이어갔다. 그리고 매출이 증가하자 런던 북쪽
의 관광지로 유명한 캠든 마켓Camden Market에 매장을 하나 더 얻었
다. 그것이 인연이 되어 내가 포토벨로 마켓에서의 실패 후 캠든 마
켓에서 다시 사업에 도전했을 때 이 부부로부터 도움을 받았다. 특
히 캠든 마켓의 주중과 주말 매출 비율, 손님들의 인종이나 구성

비, 소비 성향, 제품 구성 등 다양한 조언을 들은 것이 큰 도움이 되었다.

패션이라면 아내가 평소에도 관심이 많고 나름의 감각이 있었다. 다시 사업을 할 수 있는 여력도 없었고 준비된 자본도 없었지만, 다시 한번 도전해보자고 의지를 다졌다. 있는 돈 없는 돈 다 끌어모아 여성 의류 매장을 하나 오픈했다. 대여섯 평짜리 작은 가게였지만 재고를 채우는 데 생각보다 비용이 많이 들어갔다. 한국에서 항공으로 물건을 받아야 하니 배송비도 만만치 않았다. 그동안은 그때그때 버는 돈으로 한 달 한 달을 근근이 살아갈 수 있었지만, 이때부터 빚이 생기기 시작했다. 은행 빚도 모자라 한국에 있는 부모님과 동생들에게까지 손을 벌려야 했다. 하지만 '이번이 마지막이다'라는 생각으로 과감한 결정을 내렸다.

몽골 출신의 리테시Ritesh 마켓 매니저가 초기에 도움을 많이 주었다. 많은 상인이 좋은 자리에 가게를 얻기 위해 줄을 서야 하는 시기였다. 그렇다 보니 상인들 사이에서도 보이지 않는 알력 다툼과 매니저에게 잘 보이기 위한 눈치 싸움이 있었다. 당시 나는 캠든 마켓에 처음 진입한 초짜이다 보니 구석의 대여섯 평가량의 통유리가 달린 매장을 하나 받았다. 겨울이 지나긴 했지만, 런던의 2월은 여전히 쌀쌀하고 추웠다. 가게 열쇠를 받고 이전에 장사하던 상인이 놓고 간 물건들을 버리고, 벽에 붙은 벽지를 얼어붙은 손으로 종일 떼어냈다. 페인트를 새로 칠하고, 벽에 옷걸이도 달고, 내 키만 한

전신 거울도 하나 구입했다. 어느 정도 인테리어 작업이 끝나갔다.

상호는 '케런잡KEREN JOB'으로 지었다. 브랜드명을 정하고 가게 위에 간판을 달고 나니 제법 그럴듯해 보였다. 캠든 마켓은 런던의 대표적인 관광지로 주말에 많은 사람이 모인다. 스테이블Stable 마켓으로 들어서면 신세계가 펼쳐진다. 온갖 종류의 진기한 물건들이 판매되고 있다. 상인들의 국적이 다양하기에 이들이 파는 아이템 역시 다양해 연중 사람들의 발길이 끊이지 않는다. 우리 가게 바로 앞에는 파키스탄 출신의 이민자가 운영하는 모자 가게가 있었고, 옆에는 중국인이 운영하는 티셔츠 가게가 있었다. 마켓 바로 옆에는 운하가 흘렀는데 운하를 따라 레스토랑, 칵테일바, 커피숍, 푸드코트 등이 모여서 전 세계 다양한 음식을 선보였다.

교회 목사님께서 오픈 날짜에 맞추어 방문하셔서 오픈을 도와준 친구 부부와 함께 예배를 드렸다. 여전히 추위가 가시지 않은 3월 초, 케런잡을 오픈하고 본격적으로 영업을 시작했다. 캠든 마켓은 주중 매출은 기본만 하고 주말 매출로 이익을 남기는 곳이다. 그렇다 보니 주중에는 꽤 조용했다. 드문드문 손님이 들어오지만, 주중 매출이 많지는 않았다. 주말이 되니 관광객으로 마켓이 붐비기 시작했다. 주말 장사로 렌트비도 내고 사업 비용도 마련하고 기타 비용도 지출할 수 있었다. 초기 투자 비용이 많이 들어 처음부터 직원을 쓸 수는 없었다. 일일 매출의 변동 폭이 컸기에 시간을 두고 조금 더 지켜보기로 했다.

런던의 유명한 관광지 캠든 마켓

케런잡이라는 이름의 매장을 열다.

처음엔 장사가 생각처럼 잘되지 않아도 그나마 희망을 가질 수 있었다. 런던 한인 사회에서 성공한 사업가 중에 상당수가 캠든 마켓에서 사업을 시작했기 때문이다. 나름대로 의미가 있는 곳이었다. 런던 이민 1.5세대 사업가인 김동현 사장도 이곳에서 작은 자판을 얻어 장사를 시작해서 런던 제일의 한식 레스토랑 '김치'와 초밥 벤토 박스 테이크아웃 브랜드 '와사비Wasabi'를 만들었다. 그 뒤로도 승승장구해 영국과 미국에 50개 가까이 되는 매장을 오픈하며 영국 사회에 이름을 알렸다. 그 외에도 의류 장사를 시작해 성공한 이민 1세대 수 리Soo Lee 대표의 이야기도 근처 사람들을 통해 전해 들었다. 캠든 마켓은 한국 사업가라면 꼭 거쳐 가야 하는 일종의 '성지'와도 같은 곳이었기에 이곳에서 일하는 것에 나름대로 의미를 부여했다. '나도 캠든에서 시작했으니 그다음은 내 차례다. 여기서 세계로 진출한다!' 시간이 날 때마다 속으로 되뇌었다.

이미 실패할 만큼 실패했고 가진 돈도 다 써버린 데다 빚까지 얻은 상황이기에 모든 것을 걸었다. 그렇게 굳은 의지로 처음 몇 달은 잘 버텼다. 한 주에 400파운드(당시 약 75만 원) 가까이 되었던 월세도 밀리지 않고 낼 수 있었다. 그런데 3개월 정도가 지나자 문제점이 하나둘씩 발견되었다. 한국을 직접 방문해서 사입할 수 없으니 주로 한국 쇼핑몰을 이용해 사입했다. 웹사이트 사진으로만 물건을 봐서인지 직접 받아보니 물건의 품질이 좋지 않았다. 그렇다 보니 어느새 케런잡은 특별한 콘셉트도 없고 무엇을 팔고자 하는지도 분명하지 않은 패션 잡화점이 되어버렸다. 그나마 30% 정도의 옷은 팔렸지만 나머지 70% 가까이는 팔리지 않았다. 영국과 유럽 사람들의 일반적인 취향은 화려하지 않고 단순하지만 디테일이 들어간 옷이다. 그래서 잘 팔리는 옷들은 주로 한국의 야상과 니트류였다. 특히 야상류는 정말 많이 팔렸다. 반면 팔리지 않아 재고로 쌓인 대부분의 옷은 화려한 무늬와 강한 패턴의 디자인이거나 서양 사람들의 체형에 맞지 않는 사이즈였다. 그래서 안 팔리는 옷들은 따로 레일을 만들어 입구 쪽에 배치해 5파운드(당시 약 1만 원) 정도에 판

키런잡 매장 외부

매하며 재고를 줄여나갔다.

지나가던 손님들이 할인 코너에 걸려 있는 옷을 들고 와 간이 탈의실에서 갈아입고 거울에 비춰보곤 했다. 옷은 마음에 드는데 사이즈가 맞지 않으니 싼 맛에 딸아이 갖다 주겠다며 사 가는 손님도 있었다. 이렇게 시행착오를 거쳐 매장 콘셉트를 다시 잡아나가려고 하니 그땐 이미 쌓인 재고로 인해 유동 자금이 바닥난 상황이었다. 그나마 들어오는 수입은 다시 야상류의 옷을 주문하기 위한 지출로 이어졌다. 자본이 여유롭지 않으니 야상도 20~30벌 정도 소량으로 주문했다. 한국에서 가족들이 주문한 제품을 받아 국제 배송으로 발송해 영국까지 도착하는 데 빠르면 일주일에서 열흘의 시간이 걸렸다. 이사이에 재고가 바닥나 판매하지 못한 적이 한두 번이 아니었다.

의류 사업은 자본 집약적인 사업의 일종이기에 늘 재고 관리로 애를 먹어야 했다. 물건을 판매처에 오더하고 영국 현지까지 도착하기까지의 시간을 리드 타임Lead Time이라고 하는데, 리드 타임이 대략 열흘에서 2주일 정도 걸린다. 현재 남아 있는 재고를 파악하고 2주분의 판매량을 예측해서 미리 주문을 넣어야 하는 재고 관리에 늘 어려움을 겪었다. 원인은 결국 부족한 유동 자본이었다. 첫 3개월 동안 가게는 그런대로 돌아갔지만 정작 수익이 발생하지 않으니 아내에게 제대로 생활비를 줄 수 없었다. 이미 빌릴 수 있는 돈도 다 빌렸고 더 이상 돈을 빌릴 수 있는 곳도 없었다. 마이너스 통장

케러잡 매장 내부

으로 생계를 유지해야 했다.

6월이 되자 주중에도 손님이 늘어나기 시작했다. 3개월의 시행착오 끝에 매장 콘셉트 문제점을 보완하자 매출이 조금씩 오르기 시작했다. 그러나 손님은 늘었지만 평소 잘 팔리던 겨울 야상의 판매율이 떨어지기 시작했다. 날씨가 더워진 탓이다. 고객들의 반응을 파악하고 부랴부랴 조금 더 얇은 봄가을 야상으로 재고를 채웠다. 런던은 여름에도 아침저녁은 제법 쌀쌀하니 간절기에 입을 수 있는 봄가을 야상이 여름철에도 나쁘지 않으리라 판단했다. 그러나 손님들의 생각은 달랐다. 가게 안으로 들어왔다가 그냥 나가기 일쑤였다. 다른 가게들은 모두 장사가 잘되는데 유독 내 매장만 조용한 날이 지속되었다. 겨우 렌트비 낼 정도의 매출만 나오고 그 이상의 기대 수익이 나오지 않았다. 여름을 그렇게 버티고 가을로 접어들자 예상치 못한 문제들이 발생했다. 주변에 여성복을 판매하는 중국 상인들이 우리 매장에서 야상이 잘 팔리는 것을 눈여겨봐 두었다가 추워지기 시작하자 야상을 팔기 시작한 것이다. 유사했지만 100% 똑같은 제품이 아니니 찾아가 따질 수도 없었다. 총과 칼만 없을 뿐이지 서로서로 총을 겨누고 피 터지게 싸우는 전쟁터에 서 있는 느낌이었다. 세상이란 곳이 결코 만만한 곳이 아님을 다시 한번 절감했다.

그동안 뭐든지 열심히 하고 도전하고 살아보려고 발버둥쳤지만, 이번에도 실패를 목전에 두고 있었다. '열심히 하면 뭐든지 잘될 것 같았는데…, 이게 내가 살아가는 세상의 가혹한 현실인가?'라는 생각이 들었다. 결국 그해 겨울을 겨우 넘기고 이듬해 봄이 오기 전 매장을 정리했다. 케런잡 간판을 단 지 딱 1년이 되던 때였다. 캠든 마켓은 연중 수많은 사람의 발길이 이어진다. 많은 관광객이 돈을 두둑이 들고 온다. 사람들이 쓸 돈이 없다는 건 핑계였다. 메이드 인 코리아 제품이니 품질도 중국산보다 훨씬 좋았고 수개월의 시행 착오 끝에 문제점을 찾아 보완하기도 했다.

제일 주요한 실패 원인을 뒤늦게야 알게 되었다. 하지만 그때는 이미 재기하기 어려운 상황이었다. 손님들의 발길이 드문 시간에 주변 상점들을 살펴보면 결국 장사가 잘되는 매장은 무엇을 파는 곳인지에 관한 메시지를 분명하게 전달하고 있었다. 전문점, 즉 한 가지에 집중한 매장들이 살아남았다. 이런 가게들은 자신들만이 갖고 있는 전문성이 있어 매장 밖에서 봐도 무엇을 파는 곳인지 명확하게 알 수 있었다. 캠든 마켓 안에 500개가 넘는 상점과 노점이 있으니 고객들의 입장에서는 짧은 시간 안에 많은 곳을 둘러봐야 한다는 부담감이 있다. 그중에서 자신들의 시간과 에너지를 절약해줄 수 있는 곳을 선택하는 것은 당연하다. 단번에 봐도 이 집이 무엇을 파는 집인지 확실한 곳은 늘 손님이 북적거렸다.

결론적으로 나는 내 제품에 대한 전문성이 없었다. 초기에 야상이 잘 팔렸다면 과감하게 야상 전문점으로 매장 콘셉트를 바꿨어야 했다. 하지만 껴안고 있던 재고가 너무 아까웠고 전문점으로 전환하는 비용Switching Cost이 내가 감당할 수 있는 범위 밖이었다. 처음부터 런던에서 질 좋고 예쁜 야상 의류로 승부를 걸었더라면 이야기는 달라졌을 것이다. 그것이 아우터 의류 전문 회사로 성장할 수 있는 발판이 되었을 수도 있다. 결국 나는 손님들에게 내가 파는 물건이 어떤 것인지에 관한 메시지 전달에 실패했고, 이는 사업 실패로 이어졌다. 1년간 캠든에서 모든 것을 쏟아부었으니 비워진 자리는 그만큼의 고통과 시련으로 채워졌다. 그 후 꽤 오랫동안 어두운 터널 속에서 힘든 시간을 보내야 했다.

한 템포 늦추면서 생각한 인생의 목적

△

2013년 초 캠든 마켓 의류 매장을 폐업한 후 꽤 오랜 시간 좌절했다. 비교적 매사에 긍정적이기에 이번에도 잘 넘어갈 거라 생각했지만, 상황 극복이 쉽지 않았다. 폐업하고 남은 집기들은 싼값에 중고로 처분하거나 주변에 필요한 사람에게 나누어주었다.

그동안 매번 실패하고 좌절할 때마다 생기는 의문이 한 가지 있었다.

'열심히 했는데 왜 안 될까?'

정말 열정적으로 했다. 누가 시킨 것도 아니고 내가 스스로 결정했다. 무엇보다 좋아하고, 하고 싶어서 한 일이었다. 마치 누가 억지로 나의 모든 상황을 실패하게끔 조정하고 있는 것만 같았다. 마음 한편에서는 지금의 상황을 무리하게 극복하려 하지 말고, 실패한 내 인생을 조금 더 기다려주고, 나의 '때'가 될 때까지 조금 더 인내하자는 다독임이 있었다.

'넘어지면 다시 일어나! 다시 일어나! 다시 일어나!'

마음 깊은 곳에서 내가 나에게 외치는 소리가 들렸다. 오뚝이처럼 다시 일어나서 뚜벅뚜벅 걸어가는 것이 어쩌면 이 상황을 극복할 유일한 방법이었다. 마냥 가만히 앉아 후회로 자책만 하고 있을 수는 없었다. 현재 내가 가진 것으로 지금 당장 내가 할 수 있는 일을 찾아보았다. 무엇보다 생계를 이어가야만 했다. 자본이 없으니 뭔가 다시 시작할 수 없는 형편이었다. 뭔가를 새로 시작하기에 겁이 났다.

그즈음에 유학원이나 숙박업을 하는 주변 지인들이 가끔 한국에서 방문하는 손님들을 공항에서 차로 픽업해서 런던 시내까지 데려다주는 일을 부탁했다. 건당 40파운드(당시 약 6만 원) 정도를 받았다. 운전병 출신이니 운전은 잘하는 편이고 오래되긴 했지만 차도 한 대 있으니 지금 당장 할 수 있는 일이었다. 찬물 더운물 가릴 때가 아니었다. 그래서 한인 커뮤니티 웹사이트에 공항 픽업·드롭 광고를 올렸다. 그러자 예약이 들어오기 시작했다. 특히 여름 성수기엔 지방으로 가는 예약도 생겼다. 2시간 정도 런던 근교를 다녀오면 200파운드(당시 약 30만 원) 정도 수입이 들어왔다. 일이 있고 몸을 움직이니, 너무 깊어 헤어나올 수 없을 것만 같던 좌절이 조금씩 극복되기 시작했다. 운전하는 동안에는 그나마 차분히, 또 덤덤하게

런던의 관문 히스로 공항은 늘 인파로 붐빈다.

어떤 생각들을 할 수 있었다.

'차는 내비게이션에 목적지를 찍고 길을 따라가는데, 내 인생은 내가 원하는 목적지로 잘 가고 있는 건가?'라는 질문이 툭 던져졌다. 이어서 '아니면 목적지 없이 여기저기 돌아다니다 연료만 소모하는 그런 인생을 살고 있지는 않은가?'라는 의문도 들었다.

'내 인생의 목적지는 어딘가?'

이 질문에 답하며, 나에게는 막연하게 '사업 성공'이라는 바람만 있을 뿐 언제까지 어느 정도의 성취를 이룰 것인가에 대한 정확한 목표가 없음을 깨달았다. 운전하는 동안에 인생에서 가장 중요한 질문들을 스스로 던졌다. 질문하고 답을 고민하는 시간이 늘어났다.

머릿속에서는 수많은 질문과 답이 오갔지만, 현실에서는 만나는 한 명 한 명의 승객에게 최선을 다했다. 이동 중에 얘기도 들어주고, 처음 영국에 방문한 승객보다는 내가 아는 것이 조금 더 있으니 필요한 생활 정보도 기꺼이 나누어주었다. 그러다 보니 차가 필요할 때 다시 연락을 주었고, 또 주변에 사람들에게 소개해주기 시작했다. 갈수록 예약이 더 늘어났다.

손님이 먼저 질문을 하며 이야기를 꺼냈다.

"영국 오신 지는 몇 년 되셨어요?"

"음…, 한 6~7년 된 것 같네요."

"우와! 정말 오래되셨네요."

"아… 네… 시간이 이렇게 빨리 갈 줄 몰랐네요. 어영부영하는 사이 시간만 갔네요."

그렇다. 손님의 질문을 받고 나니 30대 중반이 지나도록 뭐 하나 제대로 이루어놓은 것 없이 시간만 흘러갔음이 선명해졌다. 꿈을 안고 런던으로 왔는데 이렇게 운전하고 있는 내 모습을 보니 초라하기 짝이 없었다. 그렇게 몇 달이 지나자 예약 건수가 나 혼자 감당할 수 없는 수준에 이르렀다. 여기서부터는 사업으로 발전할 수 있는 단계이다. 나 혼자 하는 것은 장사지만, 직원이나 외부의 자원을 이용해야 하는 시점이 되면 그때부터는 사업의 성격을 가지게 된다.

사실 영국 현지에도 소규모 운송업을 하는 곳이 많다. 가격도 더 저렴하다. 그런데 한국 커뮤니티에서 수요가 지속적으로 증가하는 이유는 같은 한국 사람이기에 조금 더 안전하고 의사소통이 쉽기 때문이다. 그러니 조금 더 친절하고 약속을 잘 지키면 만족감이 높아져 재예약으로 이어진다. 계속해서 소개가 이어지자 내가 감당할 수 없는 예약들, 특히 대형 이사나 이틀 이상의 장기 출장이 생기기도 했다. 일요일에는 교회에 가야 했기에 주말 예약은 외주를 주기 시작했다. 소량의 커미션을 받고 주변에 운전업을 하시거나 혹은 차가 있는 지인들에게 일을 부탁했다. 그러자 운전업이 본격적으로 조그마한 사업의 형태를 띠기 시작했다.

고민이 시작되었다. 의전용으로 사용할 수 있는 고급 세단으로 차를 바꾸면 한국 기업이나 관공서에서 오는 손님들을 받아 수입을 더 올릴 수 있었다. 9인승 이상의 미니 버스를 구입하면 단체 여행객을 받을 수도 있었다. 대형 버스 회사를 운영할 수 있는 자격증을 따면 버스를 렌트해서 제대로 된 운송업도 할 수 있었다. 여기까지 생각에 미치자 어떤 상황이든 무엇이든 장사나 사업 아이템으로 전환시키는 신비한 재주가 스스로 기특했다. 조금 더 돈을 모아 미니밴도 사고, 고급 세단도 살까 하는 마음이 들기 시작했다. 게다가 영국에서 대형 버스Coach 회사를 운영해서 성공한 한인 사업가도 있어 유혹이 더 커졌다.

런던에서 운수업을
할 생각을 잠시 했었다.

하지만 운송업으로 원하는 미래를 그려본 적이 없어서인지 내면에서 이 생각들을 거부하기 시작했다. 머릿속에 그려지지 않는 미래는 사실 내 길이 아니었다. 구체적인 미래 구상이 우선이었다. 지금 당장 눈앞에는 없지만 미래가 마치 현실처럼 만져지고 느껴지고 선명하게 보이는 때가 있다. 그런데 이번에는 그림이 잘 그려지지 않았다. 그리고 내 길이 아닌 것에 얼씬거렸다가 다시 시간과 에너지를 낭비할 것만 같았다.

'지금까지 무리하게 자신을 혹사하면서 달려왔으니 잠시 쉬어 간다고 생각하자.'

사업을 더 확장하지 않고 혼자서 6개월 넘게 런던 히스로 공항을 내 집 드나들 듯 다녔다. 런던 시내 구석구석 안 가본 곳이 없다. 덕분에 지금도 런던 웬만한 곳은 내비게이션 없이도 다닐 수 있다.

운전업을 하면서도 이력서를 만들어 틈틈이 구직 활동도 했다. 잠시나마 안정을 취하고 싶었었기에 사업을 다시 하겠다는 생각은 내려놓고, 고정 수입을 받고 체계적으로 일을 배울 수 있는 회사 생활을 하고 싶었다. 태어나서 한 번도 직장 생활을 해본 적이 없었는데 그때만큼은 아내에게 매달 고정된 수입을 가져다주고 싶었다. 그리고 내가 조금 더 성장하기 위해서는 조직 생활 경험이 필요하다는 생각이 들었다. 둘째 아기가 태어나며 가장으로 책임감이 더 커진 이유도 있었다. 지인의 소개로 한국 국적기 항공사에도 이력서를 보냈고, 물류 회사에서 일을 배워두면 나중에 한국과 영국 무역

관련 경험도 쌓일 것 같아 한국 물류 회사 몇 군데에도 이력서를 보냈다.

그러던 중 기적 같은 일이 생겼다. 이력서를 보냈던 한 의류 회사에서 연락이 왔다. 면접에 통과해 입사를 결정하면서 자연스럽게 운전 일을 그만두었다. 회사에 들어간 후에도 한참 동안 나의 연락처를 갖고 있던 손님들에게서 예약 문의가 들어왔다. 정중히 상황을 말씀드리고 주변에 일을 주던 사람들을 연결해주었다. 운전업을 처음 시작할 때와는 다르게 새 직장에서 일을 시작할 생각을 하면서 '내 길'을 찾은 느낌이 들었다. 이곳에서 내 인생을 바꿔줄 인연을 만날지도 모른다는 기대가 생겼다. 아니나 다를까, 여전히 경제적인 상황이 좋아지지는 않았지만 모든 것을 쏟아부어 가며 직장 생활을 하였고, 그 결과 그때 만난 사람과의 인연이 지금 런던에서 하고 있는 외식 사업으로까지 연결되었다.

그 뒤로 한두 해가 지나고 2012년 영국에 진출한 우버Uber 택시 서비스가 2~3년 만에 빠르게 성장하였다. 내가 일을 그만두고 얼마 지나지 않아, 한국에서 온 여행객이나 한인들도 우버 택시를 이용하기 시작했다. 주변에 운전업을 하시던 분들이 한 명, 두 명 일을 정리하는 모습을 지켜봤다. 진입장벽이 낮은 사업은 나보다 그 일을 더 잘하는 사람이 나타나면 사라질 수밖에 없다. 한창 운전업을 할 때 세단이나 미니밴을 사서 사업으로 확장했다면 그 결과가 어땠을까? 아마 좋지는 못했을 것이다. 당시 이성적·객관적으로 생각했을 때 잘될 것 같던 사업을 마음이 거부한 이유가 달리 있던 게 아니었다. 본능적 감각이었다.

사람은 저마다 자기가 가장 행복한 길과 삶이 있다. 누구도 그것을 알려줄 수는 없다. 오직 자기 자신만이 그 길을 찾을 수 있다. 신기하게도, 어쩌면 당연히 그 길은 한 번에 잘 찾아지지는 않는다. 끊임없이 자기 자신을 다양한 만남과 경험에 노출시킬 때 우연히 찾아온다. 특정한 상황이나 사람을 만나 이전에 하지 못한 경험을 하기 전까지는 자기 자신이 무엇에 열정적으로 반응하는지 모르기 때문이다.

운전 일을 할 때는 경험할 수 없었지만 의류 회사에 취업해 패션업을 만나자 내 열정이 꿈틀거리기 시작했다. 살면서 처음으로 마음속 깊은 곳에서부터 '행복하다'는 느낌이 들었다. 외부의 조건이 아니라 나의 내면이 반응하는 소리에 집중하는 삶을 살기 위해 계속 노력했기 때문이다. 우리의 삶을 끊임없이 인생의 다양함에 적셔보아야 한다. 마치 리트머스 종이처럼 우리가 어떤 상황에 어떤 색으로 반응하는지 경험해보기 전까지는 아무도 알 수가 없다. 나의 인생이라는 다양한 시액에 가능한 한 많이 적셔보려고 노력했다. 그것이 20번까지 될지는 몰랐지만 말이다.

"버버리 가방 하나만 사다 주세요!"

△

한국을 방문할 때마다 늘 가족과 친지들의 선물 때문에 고민이다. 오랜만에 가는데 빈손으로 가자니 손이 부끄럽다. 그런데 고가의 물건들, 특히 영국 전통 브랜드 버버리Burberry 옷이나 멀버리Mulberry 가방을 구입하는 건 또 부담스럽다. 한국에 없으면서 영국에만 있는 물건들을 찾다 보니 몇 가지로 범위가 좁혀진다. 아이들이 있는 집에는 영국 동화책을 선물하는 편이다. 영국의 차Tea나 그릇은 누구에게든 무난히 선물할 수 있으며 가격도 적당하고 서로 기분 좋은 선물이다. 수년 전 영국 포트메리온Portmeirion 그릇이 한국 주부들 사이에서 유행했다. 신혼부부들의 애용품으로 결혼할 때 혼수로 많이들 구입했다. 포트메리온 그릇은 영국에서도 본 매장에서 구입하면 가격이 한국과 별반 차이가 없다.

영국에서 포트메리온을 저렴하게 살 방법이 하나 있다. 영국 북쪽 도시 버밍엄Birmingham과 맨체스터Manchester 사이의 스토크온트렌트Stoke-on-Trent라는 작은 도시에 있는 포트메리온 팩토리 아울렛 매장에 방문하는 것이다. 그릇 외부에 새겨진 꽃무늬가 조금 삐뚤거나, 스크래치·점·선 등 약간의 하자가 있는 제품들을 정상가의 50% 이상 할인 판매를 한다. 런던에서 차로 운전해서 가면 3시간 30분 정도 걸린다. 하지만 웹사이트가 있어 매장을 방문하지 않아도 온라인으로 주문해서 배달받을 수 있다.

포트메리온 그릇이 유행하던 10년 전쯤 오랜만에 한국을 방문한다니 한국에 있는 가족들과 친구들이 그릇을 사달라고 부탁했다. 충격 방지용 포장지로 그릇들을 몇 번씩 싸고도 불안해서 수건과 옷가지로 구석구석을 잘 감싸 영국 올 때 가져온 3단 이민 가방에 넣어서 한국 방문 때 가져갔다. 지금 생각해보면 어떻게 그 많은 그릇을 다 가져갔었을까 싶다. 한 명당 30kg 수화물이 2개씩 허용되어 아이들 수화물까지 총 8개를 가져갈 수 있었다. 무게만 240kg에 달했다. 이렇게 짐을 과하게 가져오니 한번은 어른들이 "억척스럽다"라고 핀잔을 주시기도 하셨다. 그릇 외에도 영국 차와 아이들 동화책을 부탁하는 이들도 있었고, 친한 지인들은 소량이긴 하지만 버버리나 기타 명품까지 부탁해왔다. 짐이 얼마나 많았던지 공항 직원들이 "귀국하세요?"라고 물을 지경이었다. 물건들을 구입하고 포장하고 나르는 일이 쉽지는 않았지만, 물건을 받은 사람들이 행복

포트메리온 팩토리 숍

해하는 모습을 떠올렸다. 그리고 한국을 한 번 갔다 오면 용돈 정도
는 심심찮게 벌 수 있어 기꺼이 할 만한 일이었다.

　영국에 있을 때도 한국에 있는 가족들과 친구들로부터 영국 제
품을 구해달라는 부탁을 받으면 종종 물건을 구입해서 국제 배송으
로 보내주었다. 몇 번 반복해서 하다 보니 어쩌면 이것도 규모 있게
만들면 좋은 사업이 되겠다 싶었다. 런던 본드 스트리트Bond Street에
가면 세계적인 명품 매장이 즐비해 있다. 크리스마스 시즌이면 어김
없이 세일을 한다. 이때가 물건을 좋은 가격에 구입할 시기다. 정상
가도 한국에 비해 저렴한데 세일까지 하니 절호의 찬스이다. 이때

비스터 빌리지 아울렛

미리 쇼핑해두었다가 한꺼번에 한국에 보내기도 했다. 그리고 조금
더 가성비가 좋은 두 곳이 있다. 영국 옥스퍼드 근처의 조그마한 소
도시 비스터Beiceter가 첫 번째 장소다. 여기에 비스터 빌리지 아울렛
Beiceter Village Outlet 단지가 있는데 런던에서 가장 가까운 명품 아울
렛이다. 당일치기 쇼핑이 가능해 한국 관광객이 즐겨 찾는 곳이기
도 하다. 런던에서 차로 대략 1시간 반 정도 거리인데 한국에서 선
물 부탁을 하면 빠지지 않고 여기에 들러 쇼핑을 한다.

　두 번째 장소는 해크니Hackney이다. "한국에 올 때, 버버리 가방
하나만 사다 주세요!" 내가 영국에 살고 있다니 너도나도 버버리 가

방을 부탁한다. 영국 대표적인 브랜드 버버리 팩토리 아울렛 매장은 런던 시내에서 멀지 않은 해크니에 있다. 정상가의 50~70%까지 저렴하게 구입할 수 있으니 한국에서 지인들의 부탁으로 비스터와 해크니로 쇼핑을 자주 다녔다.

아니나 다를까, 이즈음에 영국에서 구매대행 사업이 조금씩 태동하기 시작했다. 구매대행업의 구조는 내가 지인들을 위해 물품을 구매하고 배송한 절차와 동일했다. 서머타임에 따라 시차가 8~9시간에 달해 한국의 업무 시간에 일하려면 잠을 조금 포기해야 했지만, 사업만 잘된다면 얼마든지 시도할 수 있을 것 같았다. 처음부터 구매대행 사업을 시작하기는 어렵겠지만, 간이 무역업 정도의 소규모 거래는 가능해 보였다.

하지만 어디에 물건을 올려서 홍보해야 하는지, 또 어떻게 주문을 받고 어떤 식으로 배송을 해야 하는지를 비롯해 세관 통관, 세금 등의 법적·절차적 문제까지 신경 써야 할 점이 한두 가지가 아니었다. 명품 같은 경우는 가짜가 아님을 증명해야 하는 일도 빈번했다. 그런데 더 큰 문제는 반송이다. 혹시 고객이 물건이 마음에 들지 않아 반품이나 환불을 요청하면 누가 배송비를 지불하며 또 어떻게 물건을 다시 받을 것인가까지 산 넘어 산이었다. 다른 사람들은 어떻게 하나 싶어 조사를 해보니, 영국에서는 이제 시작 단계였지만 미국에 거주하는 한인들이 이미 이런 구매대행업을 하고 있어 정보를 구할 수 있었다. 몇 군데를 찾아 벤치마킹Bench Marking하려고 했는데, 이미 잘 구축된 웹사이트와 누적된 고객들의 후기, 국제 배송과 반품까지 자유롭게 선택할 수 있는 시스템을 보며 기가 죽었다.

첫술에 배부를 수 없겠다 싶어, 우선은 네이버 카페와 블로그로 시작했다. 누구나 다 아는 명품 브랜드를 구입해서 시작하고 싶었지만, 자본이 없었다. 이미 의류 사업으로 쓴맛을 본 후라서 다시 큰돈을 들여 일을 키우고 싶지 않았다. 그렇다 보니 구입할 수 있는 제품은 저가의 동화책 정도가 전부였다. 그래서 개설한 카페와 블로그에 동화책 사진을 찍어 올리고 반응을 살폈다.

'그냥 한번 해보자…'

매번 남들보다 아이디어도 많았고 시작도 남들보다 항상 한발 앞섰다. 구매대행업도 오래전부터 아이디어가 있었다. 이번에도 습관처럼 그냥 일을 저질렀다. 그런데 막상 시작하고 보니 영국에서는 거의 처음이라 배우고 따라 할 대상이 없었다. 미국 업체를 조사해도 자괴감만 들 뿐 구체적인 사업 시스템에 대해서는 배울 길이 없었다. 우선은 접근하기 쉬운 영어 동화책으로 시작했는데 반응이 좋지 않았다. 조금 더 욕심을 내서 비스터 명품 아울렛에서 세일 기간에 몇몇 물건을 신용카드로 구입해 네이버 카페와 블로그에서 판매를 시도했다. 이 또한 반응이 없었다. 제품의 매력도도 높았고 가격도 경쟁력이 있었다. 그런데 처음 생각과는 많이 달랐다. 블로그에 판매되는 물건도 몇 개 없고 사업이라고 하기엔 민망할 정도의 규모이다 보니 나 스스로 이 일에 확신이 생기지 않았다. 그래서 제대로 시작도 못 해보고 용두사미龍頭蛇尾가 되어버렸다.

'분명히 한국에 사는 지인들도 문의가 많고, 구매해서 보내주면 다들 만족을 하는데 사업으로는 왜 연결되지 않을까?'라는 의문이 들었다.

매번 실패할 때마다 나 자신은 물론 사업을 객관화해서 돌아보려고 노력했다. 경영학과 마케팅 수업 시간에 귀가 닳도록 이야기를 듣고 과제를 제출했던 파트가 있다. 마케팅에서 가장 핵심 요소인 '마케팅 믹스 4P(제품Product, 가격Price, 유통Place, 판매촉진Promotion)이다. 마케팅 4P에 근거해 사업 환경을 분석해보았다. 두 가지 중요한 요소인 제품과 가격은 만족할 만한 수준이었다. 그런데 문제는 만족스러운 가격의 제품을 어디로 유통하고 어떻게 홍보해야 할지 몰랐다. 제품과 가격, 이 둘만으로 진행했던 사업이니 당연히 출발은 먼저 했지만 더 이상 성장하기는 어려운 사업 모델이었다.

시간이 조금 흐르고 구매대행업을 하는 사업자를 우연히 만나 이야기를 구체적으로 들을 기회가 있었다. 구매대행업은 재고를 가지고 하는 사업이 아니라, 고객들로부터 구매 요청을 받은 뒤에 구입해서 판매하는 형태이기 때문에 필요한 물품 이외에는 재고를 많이 가지고 있을 필요가 없다고 했다. 유통 채널은 주로 네이버에 일정금액을 지불하고 유료 광고를 해서 블로그나 웹사이트를 통해 고객을 유인한다. 그리고 '구매대행'이란 말처럼 구매를 '대행'하는 것일 뿐 '판매'를 할 필요는 없다. 한국 고객들이 찾는 물건을 영국 현지에서 대신 구입해주는 방식과 영국 현지에서 현재 판매되고 있는 제품을 소개해 구매를 유도하는 방식이다. 일종의 플랫폼Platform 역할이다. 물론 규모가 커지면 상품에 대한 데이터베이스가 축적되어 수요 예측이 가능하다. 자본만 충분하다면 판매처와 협상을 통해 일정량의 상품을 경쟁력 있게 공급·판매할 수도 있다. 그러나 구매 대행 사업의 기본적인 개념은 '대행'이다. 나는 너무 초기에 시장에 진입하다 보니 사업에 대한 전반적인 이해가 부족했다. 10여 년 전 쯤 영국에서는 사업 영역에서 최초가 되어 경쟁자가 거의 없었다. 그 대신 배우고 따라 할 대상이 없었으니 그만큼 치러야 할 비용이 많았다.

최근 런던은 구매대행업이 이미 포화 상태이고, 가격 경쟁력도 저하되어 상대적으로 비용이 저렴한 독일로 많이 이동했다. 심지어 아내는 영국 런던 사무실에서 업무를 보고 남편은 독일에서 구매와 배송을 하는 지사를 운영하는 부부도 있다. 코로나19Covid-19 이후 폐업한 곳도 많다. 반면 과거에 비해 홍보 채널이 다양해졌다. 인스타그램과 유튜브를 통해 좀 더 세분화된 맞춤형 콘텐츠를 제작해서 적극적인 마케팅에 나서는 젊은 사업자들도 계속 생겨나는 추세이다. 사업의 본질은 변함이 없지만 유통 경로와 판매촉진은 계속 진화한다.

구매대행은 그동안 했던 사업 가운데 유일하게 이륙에 실패한 케이스이다. 늘 그렇듯 모든 경험에서 '교훈'을 얻었다. 이후로 특정 사업에 대한 '이해'가 되지 않으면 이해가 될 때까지 배우고 익히려 노력한다. 그래도 이해가 되지 않으면 과감하게 포기한다. 포기도 일종의 선택이다. 사업을 하다 보면 한 분야를 더 '심화'할지, 아니면 '확장'할지에 대한 고민이 생긴다. 나는 후자를 전제로 항상 사업을 한다. 사업은 항상 성장하고 확장되어야 한다. 그런데 연계형 사업이 아니라면 신사업 확장에는 특정 사업에 대한 '이해'가 반드시 전제되어야 한다. '이해'라는 것은 곧 시간과 돈이라는 두 가지 비용이 발생함을 의미한다. 만약 사업에 대한 이해에 비용이 발생하지 않았다면 그것은 충분히 이해한 것이 아니다. 10년 전 구매대행 사업을 할 때는 이해를 위한 비용을 제대로 치르지 않았다. 그래서 "세상에 공짜란 없다"라는 말이 있는 모양이다.

운명의 시작,
돈 받으면서 배우는 경영 수업

△

운전이나 간이 무역업 등으로 생계를 이어가고 있을 때 둘째 아들이 태어났다. 양가 어머님 중에 한 분도 아내의 산후조리를 위해 영국으로 오실 수 있는 형편이 되지 못했다. 첫째 아이가 태어났을 때와 마찬가지로 내가 직접 아내의 산후조리를 해야 했다. 아내가 제왕절개 수술을 해서 아기를 안지 못하니 아기 기저귀를 갈아주고 안아주고 씻겨주는 일을 도맡았다. 가만히 있지 못하는 아내의 성격 탓에 출산 후 일주일이 지나자 배를 움켜잡고 간단한 청소며 집안일을 하기 시작했다. 내가 아무리 말려도, 해야 하는 집안일이 눈에 보여 가만히 누워만 있지는 못하겠다고 했다. 내가 요리를 하지 못하니, 아내는 직접 요리하는 것만큼은 말렸다. 다행히 근처에 사는 친한 한국분들이 미역국이며 갖가지 반찬을 갖다 주며 산후조리를 도와줬다. 이분들과 친형제, 친자매처럼 도움을 주고받으며 정을 나누었다.

식구가 한 명 더 늘어나자 어깨가 더 무거워졌다. 영국에 처음 올 때 가졌던 꿈과 비전이 사치처럼 느껴졌다. 의류 사업 실패로 한국이며 영국에 빚은 잔뜩 있고 수입은 없으니 입안이 바짝바짝 말라가고 모든 걸 포기하고 싶었다. 위장병까지 생겼다. 삶이 불안하고 걱정되니 병이 찾아왔다. 2~3년을 소화불량으로 고생했다. 그럴 때마다 한국으로 돌아가고 싶어져 아내의 의견을 물어보곤 했다.

"우리 그냥 한국 돌아갈까?"

"한국 가서 뭐 먹고 살아?"

나는 언제나 앞뒤 가리지 않고 즉흥적으로 행동하는 사람이지만, 아내는 언제나 이성적으로 상황을 판단한다. 지금 한국으로 돌아가면 '이도 저도 아니다'라는 것을 아내는 알았다. 한국에 언젠가는 돌아가야 하지만 아직은 그때가 아니었다. 처음 마련한 런던 북서쪽 이스트코트Eastcote 신혼집을 떠나 런던 시내 인근으로 집을 옮겼다. 신혼 때와 마찬가지로 방 3개와 개별 거실이 있는 하우스를 구했다. 방 3개는 학생들에게 월세를 주어 집값을 아꼈다. 가족이 함께 머물 수 있는 방은 꿈도 못 꾸고, 별도로 분리된 거실에서 네 식구가 지내야만 살인적인 물가의 런던에서 겨우겨우 살아갈 수 있었다. 아내와 옆에서 자고 있는 두 아이를 볼 때마다 능력 없는 가장으로서 죄책감과 미안한 마음이 들었다. 열다섯 살 때부터 장사를 시작해 지금까지 수없이 시도해보고 도전해봐도 뭐 하나 제대로 이루어진 것이 없었다. 한국에서 여덟 번 가까이 장사를 했고 영국에 와서도 약 열 번의 장사와 사업에 도전했다. 한두 번 잘되는 것 같았지만, 결국 모두 실패했다. 다시 시작할 힘조차 남지 않을 정도로 지쳐 있었다. 아니, 두려웠다고 하는 것이 맞을 것이다. 그런 내 모습을 보니 초라하기 짝이 없었다. '왜 열심히 했는데 안 될까?'라는 질문이 늘 나의 삶을 지배했다. 잘 풀리지 않는 삶에 대한 근원적인 슬픔이 나를 아프게 했다.

어떻게든 가족의 생계를 책임져야 하니 간간이 아르바이트하며 구직을 했다. 공항에 픽업을 부탁하는 사람이 있으면 운전을 해서 돈을 벌었고, 이삿짐 도우미를 구하면 지체 없이 달려가 이삿짐을 싣고 내리며 돈을 벌었다. 어떤 일이든 돈을 벌 수 있다면 마다하지 않고 뛰어갔다. 물불 가릴 때가 아니었기에 내가 할 수 있는 모든 일을 찾아서 했다. 동시에 런던에 있는 여러 한국 기업에 이력서를 보냈다. 30대 중반은 신입사원으로 입사하기에 어중간한 나이이다. 그렇다고 경력직으로 들어가기엔 '장사'했던 경력이 도움이 되지 못했다. 소위 말해 사회가 정한 기준에 나의 경력은 '미달'이었다. 누구나 한 번쯤은 대학교 졸업 후 좋은 회사에 취직하고 싶은 생각을 할 텐데, 나는 자라오면서 한 번도 취업하겠다는 생각을 한 적이 없다. 오직 '장사' 한 길만을 생각했다. 그러니 중학생 때부터 친구들이 학원에서 『수학의 정석』을 공부할 때 나는 장사를 하겠다고 리어

내 인생의 첫 직장 생활
패션 회사

카를 끌고 다녔다. 태생이 '사장'인 사람이다. 그러니 취업에 필요한
그 흔한 봉사 활동이나 영어 시험 점수 하나 없었다.

포기하지 않고 꾸준히 구직 활동을 하던 어느 날 한 패션 회사로부터 인터뷰 요청이 왔다. 면접에서 좋은 인상을 주기 위해 결혼할 때 입었던 정장을 오랜만에 꺼내 입었다. 목이 조여오는 와이셔츠에 넥타이를 매니 제법 회사원 같았다. 난생처음 입사 인터뷰를 본다니 설레었다. 런던 시내 워런 스트리트Warren Street 사무실 앞 커피숍 카페 네로Cafe Nero에서 만나자는 말에 조금 의아했지만, 약속 시각보다 10분 일찍 도착해 준비한 인터뷰 예상 질문을 다시 읽으며 기다렸다. 그런데 약속 시각이 되자 청바지에 스포츠 가방을 든 나와 비슷한 연배의 사람이 입구에서 들어오며 나를 쳐다본다.

"이영훈 씨죠? 반갑습니다."

"아… 네… 안녕하세요?"

"박 실장이라고 합니다."

그간 장사를 하며 수많은 사람을 상대해봤기에 첫인상을 접하고 몇 마디 대화를 나눠보면, 어투와 손짓 그리고 표정에서 대충 그 사람을 파악할 수 있었다. 청바지에 허름한 티셔츠 그리고 스포츠 가방을 메고 인터뷰를 하러 온 박 실장의 모습에서 뭔가 내가 예상한 것과는 많이 다른 회사인 것을 직감했다.

아니나 다를까, 회사를 소개하며 직무에 관해 짧게 설명하는데 머릿속이 복잡해졌다. 중국 광저우에 소재한 의류 공장을 운영하는 회사이고 런던 사무실에서 영국 내 패션 회사를 상대로 영업 관리를 할 직원을 찾고 있다고 했다. 혼자 일해야 하는데 괜찮겠냐고 물었다. 중국 대표와 가족관계인 박 실장은 다른 일을 해야 해서 함께 일할 수 없다는 것이다. 중국 본사와 혼자서 다이렉트로 일해야 했다. 짧은 순간 수많은 생각이 내 머릿속을 채웠다. 막연히 생각했던 잘 갖춰진 회사다운 회사는 아니었다. 결정적으로 급여가 터무니없는 수준이었다. 첫 급여를 말하는데 1,300파운드(당시 약 200만 원)라고 했다. 당시 런던에서 직장인의 급여가 보통 약 1,800파운드였으니 적어도 한참 적었다. 이 급여로는 생활비는 고사하고 월세도 낼 수 없었다.

30분 정도 이런저런 질문과 답변이 오가고 인터뷰가 끝났다. 현재 런던 지사는 아무것도 없는 상태이니 말 그대로 시장을 개척해야 하는 일이었다.

"조금 생각해보고 답을 드려도 될까요? 회사도 저를 선택하는 일이지만 저도 회사를 선택해야 하는 일이니 시간을 좀 주시면 좋겠습니다."

"네 그렇게 하세요. 영훈 씨랑 꼭 일해보고 싶습니다."

그간의 나의 장사와 사업 경험을 박 실장이 좋게 본 것 같았다. 시장을 개척해야 하는 일인 만큼 나의 경력이 이 회사에 딱 맞다고 생각한 모양이다.

막상 생각해보겠다고 했지만, 이미 결심을 한 터였다. 1년간 캠든 마켓에서 의류 매장을 운영하다 폐업했지만, 여전히 패션 사업에 미련이 남아 있었다. 또한 화려하고 번듯해 보이지는 않지만, 초라한 이곳에서 인생의 기회가 있을 것 같은 예감이 들었다. 아내와 두 아

책상 하나와 컴퓨터 한 대가 전부였던 사무실

이를 위해서라도 더 이상 물러날 곳이 없었다. 다음 날 입사 의사를 밝히고 며칠 뒤 첫 출근을 했다. 사무실은 런던 시내 워런 스트리트 역Warren Street Station 앞에 있는 필리핀 여행사 지하에 있었다. 작은 사무실 안에는 책상 하나와 컴퓨터 한 대가 전부였다. 시간이 얼마간 지난 후 이전에 몇몇 사람들이 이곳에서 일을 시작했다가 얼마 못 버티고 그만두었다는 것을 알게 되었다. 도저히 불가능한 업무였단다. 이해를 못 할 바도 아니었다. 어떻게 보면 낚싯대 하나 건네주고 매일 고래를 잡아 오라고 하는 셈이기 때문이다. 그렇게 내 인생의 첫 직장 생활이 시작되었다. 이후 3년 반 동안 모든 것을 이곳에 쏟아부었다.

나의 업무는 런던에 있는 크고 작은 의류 회사나 브랜드 생산 담당자를 찾아가 의류 생산 계약을 체결하는 일이었다. 런던에 있는 대형 패션 회사인 톱숍Topshop, 영국 제일의 온라인 패션몰 에이소스ASOS를 비롯해 런던의 크고 작은 모든 의류 회사에 영업 이메일을 보내고 전화하고 직접 찾아갔다. 영어가 유창한 편은 아니었지만 핵심적인 표현 몇 개를 반복적으로 사용해 그럭저럭 대화를 이어나갈 수 있었다. 화장품 판매 사업 경험으로 영업이라면 자신 있었기에 언어 장벽이 다소 있음에도 영국인들 앞에서 기죽지 않았다. 약속 시각에 일찍 나가고 Q&A를 미리 파일로 정리하여 의류 관계자들에게 받을 수 있는 질문을 최소화했다.

일을 시작하고 얼마 지나지 않아 런던 노팅힐에 본사를 둔 여성 브랜드 회사 시스터 제인Sister Jane과 첫 계약이 성사되었다. 큰 회사는 아니지만 영국·이탈리아·스페인에서 쇼룸을 갖고 유통을 하는 중소 규모의 의류 회사였다. 이후 이곳저곳에서 의류 생산을 하고 싶다는 계약 문의가 들어왔다.

처음에는 의류 샘플 한두 장을 받아 중국 공장에 보내 정확하게 똑같이 만들어 다시 업체로 보냈다. 업체가 요구한 사이즈와 원단 그리고 부자재가 만족스러우면 바로 주문으로 연결되는 구조였다. 두 달 동안 10개 정도의 회사를 대상으로 영업을 했고 그중 몇 곳과 첫 주문 계약을 체결했다. 성실함과 근성으로 얻어낸 결과였다. 회사에서 두 달 뒤 바로 급여를 올려주고 영업 성과에 대한 보너스도 챙겨주기 시작했다. 먹고살기 위해 어쩔 수 없이 시작한 일이었

세계를 무대로 한 영업 활동

지만, 이 일에 점점 더 빠져들었다. '여기서 인정받지 못하면 어디를 가도 성공할 수 없다'는 생각으로 달려들었다. '런던, 아니 영국 전역 내가 갈 수 있는 곳이라면 어디든지 가겠다'라고 결심했다.

런던에는 매년 봄과 가을에 해머스미스Hammersmith에 있는 올림피아Olympia 컨벤션센터에서 퓨어Pure라는 의류 전시회가 열린다. 영국에 있는 모든 패션 회사가 바이어를 만나기 위해 모이는 행사이다. 평소에는 혼자 일했지만 이날에는 박 실장이 함께했다. 퓨어는 직접 찾아가지 않아도 패션 산업 종사자들은 물론 바이어를 모두 만날 수 있는 황금 같은 기회다. 회사 소개서와 현재 같이 일하고 있는 고객 리스트 그리고 간단한 의류 생산 과정에 관한 정보를 한 장의 팸플릿으로 만들어 500장 가까이 준비했다. 함께 일하고 있는 고객 리스트가 제일 중요했다. 백 마디 말보다 잘 알려진 클라이언트와 일하고 있음을 알리는 것이 훨씬 효과적인 마케팅이기 때문이다. 이 행사 이후 계약은 더 늘어났고 중국 본사에서도 나를 인정해주기 시작했다. 이 일을 하면서 처음으로 살아 있다는 느낌을 받았다. 어릴 때부터 지금까지 매번 하던 일이 안 되고 실패하고 누구도 날 인정해주지 않았는데 누군가로부터 인정을 받기 시작하자 뭐든지 할 수 있을 것 같았다. 그렇게 아무도 하지 않으려고 했던 일을 하고, 아무도 가지 않는 길을 가니 인생에 기회가 왔다.

"실장님! 우리 런던만 영업하지 말고 유럽에 있는 모든 패션 회사를 상대로 영업해보면 어떨까요? 유럽에 있는 패션 전시회도 뚫

고요!"

"영훈 씨! 어떻게 그런 생각을 했어요? 대단합니다. 바로 대표님께 보고하고 일정 잡아봐요!"

'지금보다 일을 더 잘할 방법'이 없을까 고민하자 유럽이라는 시장이 눈에 들어왔다. 프랑스 파리Paris의 후즈 넥스트Who's Next, 독일 베를린Berlin의 비비비BBB, Bread & Butter Berlin 등 패션의 본고장인 유럽 무대로 진출하자 영국과는 시장 규모 자체가 달랐다. 어릴 때부터 어렴풋이 비행기를 타고 전 세계를 다니며 비즈니스를 하겠다는 바람이 있었다. 양복을 입고 서류 가방을 든, 전형적인 해외 출장 다니는 사업가의 모습이었다. 그 꿈이 조금씩 실현되는 것 같았다.

런던에서 파리를 거쳐 독일 베를린까지 갔다. 베를린에서 열렸던 비비비는 옛 베를린 국제공항을 개조해 그 크기가 엄청났다. 그런데 문제가 하나 생겼다. 미리 입장권을 예매하지 않고 현장에서 바로 구매할 생각이었는데, 당일 방문객의 입장료가 2인에 1,000유로(당시 약 120만 원)에 달했다. 패션 관계자나 기자 혹은 미리 입장권을 신청한 패션 종사자들은 티켓이 무료였고, 전시회에 참가하는 직원들도 티켓값이 저렴했다. 유독 현장 구매 티켓값이 터무니없이 비쌌다. 이미 본사에 출장비를 신청해 지급받은 상태여서, 추가로 1,000유로의 비용을 청구할 수 없는 처지였다. 그렇다고 사비로 충당하기엔 금액이 너무 컸다. 비행기를 타고 2박 3일 일정으로 왔는데 이렇게 돌아갈 수는 없었다. 어떻게 방법이 없을까 한참을 고

패션 회사에서의 화보 촬영

민하자 전시 관람을 마친 사람들이 입장권을 휴지통에 버릴 것이란 생각에 다다랐다. 점심시간이 지나자 한 명, 두 명씩 출구에서 나오기 시작했다. 멀찌감치서 출구에 비치된 휴지통을 주시하며 누군가 입장권을 버리기를 기다렸다. 태어나서 쓰레기통을 그렇게 오래 쳐다본 것도 처음이다. 얼마 지나지 않아 거짓말처럼 한 명이 목에 걸고 있던 입장권을 쓰레기통에 버리고 전시장을 빠져나갔다. 이 순간의 기분은 겪어보지 않은 사람은 모른다. 한 장을 더 구하고자 남자 화장실 안을 기웃거리며 쓰레기통을 주시했다. 그렇게 2시간의 기다림 끝에 기적처럼 두 개의 입장권을 구해 1,000유로를 아꼈다. 2박 3일간 500개가 넘는 유럽의 패션 브랜드 부스를 방문해 영업했다. 지금도 가끔 박 실장을 만나면 그때 쓰레기통 뒤진 이야기를 꺼낸다. 이때 박 실장이 꼭 하는 한마디가 있다.

"영훈 씨는 뭐든지 할 수 있는 사람이야!"

영국에서 다시 유럽으로 그리고 미국 뉴욕에서 열리는 패션 전시회까지 진출했다. 미국 뉴욕에서는 뉴욕 국제 패션 박람회 코트리Coterie와 캡슐Capsule에 참가했다. 처음 밟아보는 미국 땅이어서 설렘이 가득했다. 유럽과 미국이 다른 점이 있다면 첫째는 규모였다. 뉴욕 중심지 맨해튼Manhattan을 걸으며 엄청난 건물 규모에 압도되었다. 뉴욕 패션 박람회 규모는 말할 것도 없었다. 두 번째는 역동성이다. 유럽이 낭만적이고 부드럽고 정적인 반면 뉴욕에서는 사람들에게서도 패션에서도 에너지와 파워가 느껴졌다. 수많은 업체와

뉴욕 출장

에이전시Agency 사람들을 만나 이야기하고 영업하였고 자연스럽게 생산 주문으로 연결되었다. 회사의 매출은 더 성장했다. 무에서 유를 창조해낸 날들이었다. 무엇보다 사업에 필요한 기초 요인과 필수 요인을 배우고 익힐 수 있었다. 미국 사람들을 만나 사업하는 데 두려움이 없어졌다. 비행기를 타기 위해 뉴욕을 떠나며 혼잣말로 '언젠가는 미국까지 내 사업으로 진출하겠다'라고 다짐했다.

회사의 매출이 계속 증가하자 얼마 지나지 않아 중국 본사에서 자체 여성 의류 브랜드를 론칭하자는 제의를 해왔다. 못 할 이유가 없었다. 2000년대 후반에 런던에서 의류 사업으로 성공한 한국인

파리 후즈 넥스트 출장

이 운영했던 M사에서 총괄 매니저로 일했던 직원을 영입했고, 영업
활동을 하며 만난 한국인 외주 디자이너 한 명과 영업 담당 직원을
채용했다. 사무 보조까지 총 5명의 팀원을 구성하여 신규 브랜드
프로젝트를 시작했다. 혼자 일하던 지하실을 벗어나 신진 패션 디
자이너들이 많이 모여 있는 런던 쇼디치Shoreditch로 사무실도 옮겼
다. '남들이 하지 않으면 내가 한다'라는 정신으로 도전해서 얻어낸

밀라노 출장

결과들이었다.

첫 번째 론칭한 여성 의류 브랜드 M은 성공적이었다. 20대 초중반 여성을 타깃으로 삼은 캐주얼 의류였다. 여성 의류 쪽에 경력이 많은 디자이너와 유럽 유통 구조를 훤히 꿰고 있는 직원들로 구성된 생산 회사이다 보니 샘플 제작에서 유통까지 일이 일사천리로 이루어졌다. 매번 남의 회사 옷만 만들어주다 우리 옷을 직접 만들어 판매하니 고생한 보람이 있었다. 다행히 브랜드를 론칭한 첫 시즌 반응이 꽤 뜨거웠다. 그런데 두 번째 시즌을 준비하는 과정에서 고비를 맞았다. 첫 번째 시즌이 성공하자 본사에서 욕심이 났는지 30대 여성을 겨냥한 여성 의류 브랜드를 하나 더 론칭하라는 지시를 내렸다. 겨우 첫 번째 시즌이 끝난 상황에서 두 번째 브랜드를 론칭하기에는 너무 이른 감이 있고 부담도 되어 첫 번째 프로젝트를 궤도에 올려놓고 두 번째 프로젝트 진행을 하자고 제의했지만 거절당했다. 사실 이런 상황은 예견된 일이었다. 첫 번째 프로젝트가 성공적이긴 했지만 영국 현지 업무 환경을 잘 이해하지 못하는 본사와 크고 작은 마찰이 존재해왔었다.

무리하게 두 번째 프로젝트가 시작되면서 업무량이 폭발적으로 증가했다. 당시 나는 런던 지사 소속이었기에 본사의 지시를 따라야 했다. 기존 브랜드 M의 생산과 고객 관리에 더해 새로운 브랜드를 론칭하는 일을 책임지는 자리에 있었으니 해야 하는 업무가 셀 수 없는 지경이었다. 의류업의 일반적인 육체노동 강도도 컸지만 정신적으로도 심하게 소진되었다. 혼자서 감당할 수 있는 수준을 넘은 지 오래였다. 더구나 그 무렵 연봉 협상이 결렬되었다. 더는 고된 노동을 이어갈 동기가 남아 있지 않았다. 내 인생에서 처음으로 사직서를 제출했다.

'지금까지 잘했다'라고 스스로를 격려했다. 지하 사무실에서 컴퓨터 한 대와 책상 하나로 시작해 맨손으로 이루어내었다. 생애 처음으로 어떤 일을 하고 마쳤기에 후회가 없었다. 끝은 새로운 시작이 열리는 곳이기도 하다. 아쉬움보다는 또 다른 세상이 나를 기다리고 있을 거라는 확신이 들었다.

수많은 대학생이 안정적이고 대우가 좋은 대기업과 공무원을 선호한다. 그래서 대학교를 졸업하고도 밤을 지새며 몇 년을 더 공부한다. 하지만 그 속에서 누군가와 또다시 경쟁해야 한다. 대기업에 일하는 40대 내 또래는 벌써 조기 퇴직을 준비한다. '100세 시대에 남은 50년을 무엇을 하며 살아갈 것인가?'라는 질문을 피할 수 없다. 나에게 누군가 '무엇을 하며 살아야 하는지' 묻는다면 "정말 해보고 싶은 분야에서 남들이 가지 않는 작은 회사로 가라"고 이야기하고 싶다. 꼬박꼬박 월급 받아가며 이 일 저 일 다양한 분야들을 처음부터 끝까지 배울 수도 있다. 말 그대로 기회의 장이다. 그곳에서 최소 3년에서 5년 정도 자신의 사업을 준비한다고 생각하고 모든 것을 걸고 내 일처럼 일해보라. 그곳에 당신의 인생을 바꿀 기회가 있을지도 모른다. 매달 돈 받아가며 무료로 경영 수업을 받을 수 있는데 마다할 이유가 있겠는가?

19번째 실패,
포기하지 않으면 실패는 경험이 된다

△

영민 씨는 런던에서 잘나가는 한인 여성 사업가 중 한 명
이다. 여성 의류 브랜드를 론칭한 지 10년 가까이 되어간다. 런던
킹스크로스King's Cross, 쇼디치 그리고 소호Soho에 매장을 두고 있으
며 영국과 유럽 백화점, 온라인, 중소 규모의 독립 부티크에 옷을
납품하는 유통(홀세일Wholesale) 사업을 병행하는 중견 사업가이다. 오
래전 우연히 만나 인연이 맺어졌는데, 비슷한 연배여서 그런지 오랜
친구처럼 지내는 사이다.

캠든 마켓에서 의류 매장을 폐업할 때 가게를 인수할 사람을 찾
고자 한인 생활 광고 웹사이트에 인수 광고를 올렸다. 광고를 보고
영민 씨 부부가 찾아왔다. 몇 차례 이메일이 오고 간 뒤 부부는 인
수를 결정했다. 하루라도 빨리 인수를 원했던 나로서는 반가운 마

음에 구두로 계약을 했다. 하지만 얼마 지나지 않아 "죄송합니다"라고 시작되는 장문의 사과 이메일이 왔다. 계약 취소 이메일이었다. 계약이 취소되고 매장 계약 만료일이 되어 결국 한 푼의 권리금도 받지 못하고 폐업을 해야 했다. 매장 집기는 싼값에 처분하고 남은 옷들은 창고에 쌓아두고 주변 사람들에게 무료로 나눠주었다.

당황스럽고 속상했지만, 인수 금액이 적지도 않으니 그럴 수 있다고 생각했다. "이해하니 걱정 마세요"라며 이메일 답장을 보내고 별다른 감정싸움 없이 잘 마무리하였다. 영민 씨는 계약 파기가 미안하고 내 태도가 고마웠는지 캠든 마켓을 떠난 후 내가 3년간 의류 회사에 다니는 동안 그리고 그 후 의류 도매 유통 사업을 할 때도 많은 도움을 주었다. 특히 런던 패션 전시회 퓨어나 파리 패션 진시회 후즈 넥스트에서 자주 만났다. 그때마다 런던 패션 시장의 트렌드나 유럽의 유통 채널, 패션 에이전시, 기타 사업과 관련된 여러 가지 정보를 많이 알려주었다. 영민 씨는 런던에 있는 패션 학교에서 공부했기에 기본기가 탄탄했다. 모든 대화가 배울 점이었다. 영민 씨가 운영하는 쇼디치 매장을 방문하거나, 매 시즌 출시하는 브랜드 콘셉트를 볼 때마다 어깨너머로 많은 것을 배울 수 있었다. 그녀를 만날 때마다 마음속 한편에서는 사업에 다시 도전해보고 싶은 마음이 생겨났다.

첫 직장이었던 의류 회사를 퇴사한 후, 그동안 쌓은 경력과 업계 인맥을 기반으로 의류 사업에 뛰어들었다. 누구보다 열정적으로 일했기에 뜨거운 열정과 아이디어가 사업가의 기본 요소인 자본과 경험을 대신할 수 있으리라 생각했다. 무엇보다 캠든 마켓에서 옷가게를 하기 직전에 써리대학University of Surrey 국제마케팅 대학원에서 '럭셔리 브랜드'에 관한 논문을 쓴 것이 큰 자신감을 불러넣어 주었다. 「고급 패션 브랜드를 구입함에 있어서 영국과 한국의 소비자 행동에 미치는 문화적 가치에 관한 연구The Impact of cultural values on consumer behavior in the purchasing of designer clothing brand in South Korea and UK」를 주제로 럭셔리 브랜드의 상징성을 소비하는 영국인과 한국인의 문화적 가치 차이를 연구하고 조사했다. 한 학기 동안 논문을 준비하며 마케팅, 브랜딩, 소비자 행동에 관해 깊이 공부했다. 한국과 영국 두 나라 사람들 모두 특정 패션 브랜드를 소비하는 것은 옷의 기능성과 품질을 구입하기 위함이 아니라 결국 자신의 정체성Identity을 그 브랜드의 상징적 의미Symbolic Meaning에 연결하는 일종의 자기표현 방식이라는 것을 연구를 통해 알게 되었다.

그래서 옷을 파는 것이 아니라 브랜드를 만들겠다고 결심하고 큰아들의 영어 이름인 조슈아Joshua의 앞글자를 따서 조쉬JOSH로 상호를 만들었다. 유럽에서 가장 많이 사용되는 이름 중 하나이기도 해서 친근감을 줄 수 있다고 생각했다. 브랜드 콘셉트를 북유럽풍 컨템퍼러리, 모던 앤 심플Contemporary, Modern and Simple로 정했다. 경영학 학부 그리고 마케팅 대학원을 통틀어 가장 많이 들었던 마케팅의 가장 중요한 원칙인 STPSegmentation, Targeting, Positioning를 사업

조쉬 브랜드 라벨

에 적용했다. 사람들의 기호가 워낙 다양해 세그멘테이션 이론을 통해 사람들의 어떤 요구를 충족시켜줄 것인가를 고민했다. 타깃팅 이론은 조쉬를 누구에게 팔 것인가를 결정하게 만들어주었다. 마지막으로 포지셔닝 이론은 우리 브랜드를 사람들의 의식 속에 어떤 위치의 브랜드로 인식하게끔 만들지를 고민하게 했다. 모던하고 미니멀 라이프를 지향하는 20대 후반 30대 초반의 여성을 타깃으로 설정했다. 가격과 품질 기준으로 구별해 중저가 양질의 제품군에 포지셔닝시켰다.

학교에서 배운 마케팅 수업 그리고 그동안의 경력으로 세일즈와 유통 경로를 확보했다. 그런데 문제는 디자인이었다. 내가 패션 디자이너 출신이 아니니 차별화된 디자인을 만들어내는 것이 고민이었다. 그렇다고 인하우스 디자이너In-house Designer(회사 자체적으로 고용된 전속 패션 디자이너)를 둘 형편은 되지 못했다. 고민 끝에 회사의 비즈니스 모델을 '미국판 동대문 신화'로 잘 알려진 미국 포에버 21Forever21의 방식을 채택하기로 하고 벤치마킹했다. 무일푼으로 미국에 건너가 접시닦이와 세탁소 일부터 시작해 '아메리칸 드림'을 이룬 한국계 이민자 장도원, 장진숙 두 사람이 세운 회사이다. 미국 로스앤젤레스 자바 시장에서 25평짜리 옷가게로 시작한 '포에버21'은 자라ZARA, 에이치앤엠H&M, 유니클로Uniqlo, 갭GAP에 이어 세계에서 손꼽히는 SPA 브랜드가 되었다. 런던 캠든 마켓 5~6평짜리 매장에서 옷가게로 시작한 나의 스토리와 비슷해 이 두 사장이 무일푼으로 시작해 역경을 극복하고 이룬 성공 스토리가 자극제가 되었다.

포에버21에서 영감을 얻어 조쉬를 인하우스 디자인 방식이 아니라 외부 사입 형태 디자인 소싱 방식으로 정했다. 한국을 방문해 동대문시장으로 갔다. 동대문 두산타워 건너편에 위치한 의류 도매시장은 중국 다음으로 전 세계에서 제일 큰 규모이다. 중국이야 광저우에 의류 생산 단지가 있으니 그렇다 치더라도 한국의 의류 생산 시설이 이미 베트남과 미얀마로 많이 옮겨간 상황인데도 불구하고 이 정도 규모로 발달한 것은 그만큼 경쟁력을 유지하고 있다는 뜻이다. 이럴 때 한국 사람으로서 자부심을 느낀다.

서울에서 2박 3일 일정으로 샘플을 사입할 계획이었다. 밤 11시 넘어 동대문 도매 시장에 도착했다. 닥치는 대로 브랜드 콘셉트에

동대문 출장

맞는 샘플을 구입했다. 그리고 각각의 샘플 디자인을 유럽 사람의
체형에 맞게 변경하고, 유럽 현재 트렌드에 맞는 원단으로 교체했
다. 그리고 단추나 지퍼 등의 디테일을 변경하거나 추가하는 디자인
요청서를 만들어 생산 업체에 보냈다. 포에버21을 벤치마킹하며 이
기업이 디자인 도용Copy Right으로 인한 소송으로 치러야 할 법적 비
용이 상당하다는 것을 알게 되었다. 그래서 항상 이 문제에 민감하

동대문 사입 거래처

세 내응해야만 했다. 남의 디자인을 베끼지 말고 모방하여 재창조할 것을 디자이너에게 당부하며 샘플을 만들었다.

　지인에게 소개받은 동대문 근처 제기동에 있는 의류 생산 업체에 샘플과 디자인 요청서를 건네주고 영국으로 돌아왔다. 한국에서의 제작 단가가 중국보다는 20% 정도 높긴 하지만 '메이드 인 코리아' 프리미엄이 붙어 한류 바람이 불고 있는 유럽 시장에서는 중국제보다 매력이 있을 것이라 예상했다. 패션을 좋아하는 아내는 직장 생활을 하면서도 함께 일해주었다. 한국과 영국의 시차로 인해 새벽 2~3시 넘어서 자는 건 일상이었다. 옷 하나하나 샘플비를 지불할 때는 몰랐는데, 지불한 총액을 계산하니 그간 투자한 샘플비도 꽤

최선을 다해 패션 사업을 전개했다.

많았다. 매 시즌 40~50개 제품을 만들어야 하고 한 제품당 최소 10장의 샘플이 있어야 영국과 유럽의 바이어들에게 샘플을 보내고 주문을 받을 수 있었다. 비용을 낮추고자 주력 상품을 20개로 줄이고 샘플도 가장 많은 오더를 받을 수 있는 업체만 선정해서 제품당 3장만 제작하기로 했다.

영국으로 돌아와 3주 정도 뒤에 완성된 샘플을 택배로 받았다. 시즌 룩북Lookbook(시즌별로 제품의 콘셉트 사진을 바이어들에게 보내는 목적으로 만든 책자)을 만들 때 보통 모델에게 착장시켜 사진을 촬영하지만, 런던에서 모델과 포토그래퍼를 하루 고용하려면

2,000~3,000파운드(당시 약 500만 원)가량의 비용이 들어 쉽게 결정할 수 있는 사안이 아니었다. 첫 시즌이긴 하지만 룩북을 만들 비용이 없어 간단한 브랜드 소개지와 제품의 앞과 뒤를 찍은 사진과 함께 가격 리스트Price List를 엑셀로 만들어 바이어들에게 보냈다. 3년간 회사 생활을 하며 보물처럼 아껴놓은 유럽과 영국의 바이어 리스트만 해도 수백 곳이 된다.

특별히 이탈리아 밀라노에 있는 업체 구판티GUFFANTI는 로마에도 쇼룸이 있어 이탈리아 전역에 물건을 유통하는 규모 있는 회사이다. 회사 다니는 동안 이 업체를 관리하며 관계를 잘 유지하였기에, 내가 새로운 브랜드를 론칭했다고 하니 높은 관심을 보였었다. 구판티에는 샘플을 우편으로 보냈다. 프랑스 파리에서 독립적으로 쇼룸을 운영하는 바바라Barbara에게는, 마침 파리에서 후즈 넥스트 패션 전시회가 있어 전시회 참석도 할 겸 직접 갖다 주었다. 런던에서 도버까지 운전해서 도버항에 도착한 후 페리에 차를 실었다. 도버해협을 건너는 데 1시 반 정도 걸렸다. 프랑스 칼레Calais에 도착해 다시 파리까지 총 6시간을 운전해서 갔다. 영국에 있는 업체도 방문했다. 런던 동쪽 마일 엔드Mile End에 있는 패션 라더Fashion Ladder였다. 이곳은 영국 최고의 온라인 쇼핑몰 에이소스와 일을 해 조금 더 신경을 썼다. 이 회사 쇼룸에서 브랜드 소싱 매니저로 일하는 알리Ali를 만나 샘플을 건네주었다. 모두가 패션계에서 잔뼈가 굵은 사람들이다. 샘플 몇 장만 보아도 이 옷이 팔릴지 안 팔리지

한눈에 알아차렸다. 그 외에도 스페인, 독일, 벨기에, 미국의 회사들에 제품 소개서와 가격 리스트를 보냈다. 내가 가지고 있는 리스트의 모든 업체에 연락한 셈이다.

그러나 몇 주가 지나도 검토한 후 연락 주겠다는 식의 형식적인 답장만 올 뿐 계약을 하겠다는 소식이 들리지 않았다. 심지어는 직접 전화해도 전화를 받지 않았다. 느낌이 좋지 않았다. 결국 한두 업체에서 소량의 주문만 들어왔다. 의류 생산 업체에서는 보통 한 스타일당 최소 오더량이 있다. 미니멈MOQ, Minimum Order Quantity이라고 하는데 보통 옷 하나당 100장 정도인데 한국 업체의 경우에는 50장까지도 봐주는 편이다. 하지만 최소 수량도 되지 않았다. 그렇게 한 시즌이 아무런 소득 없이 지나가고 다음 시즌을 준비하자니 도저히 엄두가 나지 않았다. 캠든 마켓에서 의류 소매점을 운영하며 1년간 바닥에서 시작해 현장을 경험하며 옷과 인연을 맺었다. 그 뒤로 다시 의류 회사에서 3년간 회사 생활을 하며 의류에 관한 기초를 닦았다. 게다가 대학원에서 패션에 관한 논문을 쓰며 공부도 했다. 나름대로 잘 준비되었고 흔히 말해 코스를 잘 밟아가는 단계였다.

이번 사업은 정말 후회 없이 열심히 했다. 정말 잘 준비되었다고 생각했었다. 자본이 부족했다는 말은 무일푼으로 사업을 일군 사람들과 비교할 때 변명에 불과했다.

또다시 인생의 위기 때마다 생겨나는 질문이 던져졌다.

'열심히 했는데 왜 안 될까?'

결국 '나는 역시 뭘 해도 안 되는 사람인가'라는 생각밖에 들지 않았다. 숫자를 헤아려보니 인생의 19번째 비즈니스를 또 실패한 참이었다. 여러모로 고통스러웠다. 마흔 살이 다 되어가는데 무엇하나 번듯하게 이뤄놓은 것은 없고, 하는 일마다 잘 안 되니 나 자신이 한없이 초라해 보였다. 그래도 마지막까지 의류 사업에 대한 끈을 놓고 싶지 않았다. 그래서 어떻게라도 기회를 찾고 싶어 이 사업 쪽에 계속 기웃기웃거렸다. 그러다 보니 영민 씨를 다시 자주 만났다. 어느 날 차를 마시며 나의 이런저런 상황에 관한 이야기를 나누었다. 이번 시즌 옷들을 보여주고 실패의 원인을 물어보았다. 솔직한 심정으로는 이미 패션 사업으로 자리를 잡은 사업가에게 나의 노력을 인정받고 기대고 싶었던 것 같다.

"영훈 씨 옷은 전체적으로 일관성이 떨어지는 것 같아요! 따라 해보고 싶은 브랜드 몇 개를 선정해서 콘셉트 보드Concept Board(브랜드 콘셉트의 방향이 다르게 가지 않고 브랜드 정체성이 일관되게 유지될 수 있게 시각화한 자료들)를 만드세요. 벽에 붙여놓은 보드판에 선정된 브랜드 옷들 사진을 구해서 붙여나가다 보면 브랜드 이미지맵이 그려집니다. 그중에서 하나의 맥락으로 이어지는 디자인을 고르다 보면 일관성을 유지할 수 있게 돼요."

뒤돌아 생각해보니 브랜드 콘셉트를 '컨템퍼러리, 모던, 심플'로 정하고, 각각의 옷은 예쁘고 괜찮게 만들었지만, 한데 모아두면 일

조쉬 브랜드 제작을 위해 사입한 샘플들

관성이 떨어진 것이 사실이었다. 콘셉트와 관련한 문제는 이미 캠든 마켓에서 소매업을 하면서 실패를 통해 그 중요성을 경험했었다. 같은 실수를 반복하지 않는 것이 인간의 본능인데, 똑같지는 않지만 비슷한 실수를 저질렀다는 사실을 그때에서야 깨달았다. 옷장사야 세일즈Sales에 집중하면 되지만, 패션은 창조 산업Creative Industry이니 타고난 재능과 창의성 같은 내공이 절대적으로 필요하다는 것을 알게 되었다. 하지만 어쩌겠는가. 이미 엎질러진 물이었다.

영민 씨는 캠든 마켓에서부터 지금까지 패션 사업에 대한 나의 열정을 누구보다도 가까이에서 지켜보았던 사람이다. 그래서 누구보다 진심으로 격려해주었다. 집에 돌아가는 길에 영민 씨로부터 문자를 받았다.

"영훈 씨는 런던에서 가장 빛나는 사람입니다!"

아마 애쓰는 나의 모습이 인간적으로 안타까웠던 모양이다. 뭐라도 해보겠다고 발버둥치는 모습이 안쓰럽게 보이기도 했을 것이다. 사업을 성공시키겠다는 일념으로 최선을 다했던 열정과 진심을 보았던 것 같다. 비록 성공하지 못했고 남들 보기에 번듯한 결과는 없었지만 일하다 죽어도 후회하지 않을 정도로 열심히 일했으니, 이런 모습을 인정해주는 단 한 명이 있는 걸로 충분히 위안이 되었다.

문자를 받은 얼마 후 현실을 직시하니 다시 시작할 수 있는 아무런 힘도 남아 있지 않은 자신을 발견하였다. 다시는 패션 산업에 얼씬도 하지 않겠다고 마음먹고 모든 것을 내려놓았다. 나의 속마음을 아는지 모르는지 그동안 만들었던 샘플을 지인들에게 나눠주자 옷이 너무 예쁘다고 난리다. 어디서 살 수 있냐, 다시 주문할 수 있냐고 묻는다. 팔 때는 그렇게도 안 팔리는 옷들이 뒤늦게 빛을 본다. 그동안의 실패에 워낙 익숙하다 보니 그냥 '이것이 내 인생인가?'라는 생각에 속이 상했다.

모든 것이 잘 준비되어도 잘 안 될 때가 반드시 있다. 정확하게 똑같은 방식으로 성공 케이스를 복제하듯 실행해도 안 되는 사람은 결국 안 된다. 같은 업종을 3번 반복해서 시도했는데 길이 열리지 않았다. 그렇다면 원인은 외부의 환경이 아니라 내 속에 있음을 알아야 했다. 실패 의식에 찌들어 있는 나는 수많은 기회와 행운이 나를 스쳐 지나가도 그 행운을 받아들일 준비가 되지 않았다. 그릇의 크기가 너무 작기 때문이다. 처음엔 이 사실을 인정할 수 없었다. 그러다 보니 실패를 극복하기가 어려웠다.

'어떻게 하면 후회하지 않을 인생을 살 수 있을 것인가?'

'어떻게 하면 내가 원하는 충만한 인생을 살 수 있을 것인가?'

너무 원대한 목표를 위해 성급하게 앞서 나간 것 같았다. 목표만 컸을 뿐 나에게 주어진 작은 것을 잘 관리하지 못했다. 작은 약속 하나, 적은 돈 한 푼, 작은 시간 하나하나. 이 모든 것들을 하찮게 여겼던 것이다.

어느 순간, 작은 것부터 시작해보자는 생각이 들었다. 하루하루 작은 일부터 성공해나가다 보면 작은 성공이 축적되어 임계점이 되면 더 큰 일을 감당할 수 있는 사람이 될 수도 있겠다는 믿음이 생겼다. 그때부터 아침에 일어나서 내가 당장 할 수 있는 일부터 시작했다.

아침 첫 시간 나에게 다시 주어진 '하루'라는 선물에 감사했다. 그리고 바로 침대 이부자리를 매일 반듯하게 정리했다. 그러면 이미 하루 첫 번째 과제를 성공적으로 수행한 것이다. 인생의 목표를 노트에 매일 기록했다. 아무것도 가진 것은 없어도 적어도 분명한 인생의 목표를 가질 수는 있었다(시간이 지나고 분명한 인생의 목표가 돈을 이길 수 있다는 것을 깨달았다). 그리고 모든 약속 시각에 늦지 않았다. 5분에서 10분 먼저 약속 자리에 나갔다. 약속 자리에 늦어 허둥대며 나타나 상대방에게 주도권을 빼앗기고 싶지 않았다. 지하철로 이동할 때 30분 시간을 하찮게 여기지 않고 싶어 항상 책을 가지고 다니며 읽었다. 오늘 하루 몰랐던 지식을 하나 더 배운다면 1년 뒤에 완전히 다른 사람이 돼 있을 것이라 믿었다. 이렇게 작은 성공을 한 달 두 달 쌓아갔다. 어느 순간부터 가슴이 뜨거워지고 단단해지는 것을 느꼈다. 처진 어깨도 펴지고 상대방을 자신 있게 똑바로 볼 수 있게 되었다.

'지금은 내 때가 아닐 뿐이다. 언젠가는 내 때가 반드시 온다'라고 수없이 속으로 되뇌었다.

"지금은 나의 '때'가 아니고 이 업종은 내 '길'이 아니다. 언젠가는 나의 '때'와 '길'이 있을 것이다." 이러한 믿음을 마음속에 굳게 새겼다. 어디엔가 내 길이 있다면, 다시 일어나 묵묵히 걸어가면 언젠가는 내 길을 찾을 수 있을 것이라 생각했다. "포기하지만 말자. 그리고 사라지지만 말자." 수없이 이 말을 마음속으로 되새기며 다시 하루하루 작은 성공을 쌓아갔다.

다시 도전

IN THE WORLD

사업 안목을 배우다

△

런던 뱅크Bank는 영국의 월가Wall Street라고 불릴 만큼 전 세계 굴지의 금융 기업들이 모여 있는 지역이다. 2007년 나와 함께 영국에 온 아내가 처음 직장을 구해 2022년까지 일한 곳이기도 하다. 최고의 금융 인재들이 모이는 곳이니 명품 의류 매장은 물론 고급 식당들이 즐비하다. 뱅크에서 일하는 아내를 둔 덕분에 근처 맛집을 자주 가는 호사를 누렸다. 뱅크 역Bank Station 인근 아이론몽거 레인Ironmonger Lane 골목의 시티 카페City Càphê라는 베트남 쌀국수 테이크아웃 전문점이 그중 하나이다. 점심시간에만 영업하는데, 조금만 늦게 가면 옆 건물까지 길게 늘어선 대기 줄에 서서 한참을 기다려야 한다. 처음에는 '쌀국수가 뭐 특별한 게 있겠어?'라고 가볍게 생각했다. 주문한 쌀국수가 테이블에 놓일 때까지만 해도 이

베트남 쌀국수 테이크아웃 전문점 시티 카페

쌀국수 때문에 베트남에 갈 것이라고는 꿈에도 생각지 못했다. 쌀국수의 맛을 잊지 못해 그 후로 몇 번을 더 방문했고 다시 맛을 본 어느 날 '이 맛이면 사업해도 되겠다'라는 기대와 확신이 들었다.

혹시 런던에 쌀국수를 파는 다른 레스토랑이 있나 싶어 조금 더 알아보니 여러 매장을 둔 체인 레스토랑이 있었다. 포Pho라는 이름의 회사로 스테펀 월Stephen Wall과 줄리엣 월Juliette Wall이 공동으로 운영하는 쌀국수 전문 체인이다. 영국 전역 36개 지역에 지점을 두고 있는데, 주로 시내 중심가에 들어섰다. 틈새시장을 고민하던 중 문득 이 회사의 매장이 진출하지 않은 지역에서 학교, 사무실, 공항과 기차역 등 유동인구가 많은 곳에 테이크아웃 쌀국수 매장을 운영한다면 충분한 수요가 있을 것이란 생각이 들었다. 여기까지 생각에 나나르사 이왕이면 베트남 현지에서 원조 쌀국수를 조사하고 배운 후에 런던 전역에 매장을 열어야겠다는 의지가 타올랐다. 수를 헤아려보니 열다섯 살부터 지금까지 19번째 장사에 실패한 참이었다. 그만큼 실패했으면 이젠 그만둘 때도 되었는데 또 장사라니…. '딱 한 번만 더 해보자.' '딱 한 번만 더One more time!'

다시 도전을 결심하고 베트남 하노이행 비행기 표를 끊었다. 런던에서 출발해 인천을 거쳐 하노이에 도착했다. 런던에서 베트남으로 바로 가지 않고 한국을 경유한 것은 '미스사이공'이라는 한국의 쌀국수 프랜차이즈 식당을 방문하기 위해서였다. 코리안 드림을 이룬 베트남 여성 이민자의 성공 스토리가 있는 곳이기도 했다. 한국 사람들 사이에선 '노량진의 전설'이라는 이름과 함께 가성비 좋은 맛집으로도 알려져 있었다. 까다로운 한국 사람의 입맛을 만족시켰다면 영국에서도 가능성이 있을 것이었다. 베트남 전통의 맛을 영국 시장에 맞게끔 현지화Localization할 필요가 있었기에 한국 시장을 테스트 대상으로 생각했다. 미스사이공을 비롯해 '전티마이'와 그 외 유명한 쌀국수 전문점을 몇 곳 더 방문해서 맛을 보았다.

유명한 곳들은 주로 베트남 사람이 직접 운영했다. 런던에서 양념치킨 전문 식당을 하는 L 사장이 한국에서 한 달간 통닭집에 취업해 기술을 배웠다는 얘기를 들은 적이 있었다. 나 역시 미스사이공에서 한 달간 육수를 만드는 법을 배우고 싶었지만, 레시피를 쉽게 알려주거나 한 달 정도만 일하게 해줄 것 같지 않았다. 반면 베트남에서는 핵심 비법을 찾을 수 있을 것이란 막연한 생각이 들었다. 베트남 현지에서 육수를 어떻게 만드는지 좀 더 자세히 조사해보고 싶은 열망이 차올랐다.

5월의 하노이는 제법 더웠다. 한국의 초여름 날씨였다. 나에게 주어진 기간은 3일뿐이었다. 3일간 방문해야 할 유명 쌀국수 식당이 한두 곳이 아니었기에 마음이 분주했다. 먼저 하노이의 대표적인 3대 쌀국수집을 돌아다녔다. 백종원 씨가 방문해서 알려진 퍼 지아 쭈웬PHO GIA TRUYEN, 리꿕수Ly Quoc Su 거리에 있는 포텐PHO10 그리고 현지 사람들에게 인기 있는 조용한 퍼틴Pho Tin이 그곳이다. 하노이를 방문했던 여행자의 블로그 후기를 보며 들러볼

식당 리스트를 만들었다. 그리고 대학 시절 마케팅 수업에서 배운 SWOT(Strength-강점, Weakness-약점, Opportunity-기회, Threat-위협) 분석표를 만들어 각각의 식당을 방문한 후 강점과 약점 그리고 환경적인 기회와 위협 요소를 기록했다. 이 밖에 런던에서 적용해야 하는 메뉴 구성, 음식 디스플레이, 그릇 사이즈, 맛의 차이, 가격 등 세부적인 점들도 빠짐없이 기록했다.

베트남 일정 마지막 날 노트를 정리하면서 이것저것 욕심을 내기보다는 한 가지에 집중해야겠다는 생각이 들었다. '이 많은 기록 중에서 하나만 선택해 집중해야 할 것이 무엇인가?' 자문해보았다. 답은 가장 강점인 '10시간 이상 끓여낸 육수'였다. 각각의 식당에서 오픈 주방이나 가게 뒤편의 육수를 끓이는 장소를 유심히 관찰했다. 우리나라 곰탕집 육수를 끓이는 방법과 유사해 보였다. 그러니 런던으로 돌아가 집중적으로 연구하고 준비해야 할 일은 '육수' 개발이었다. 쌀국수 외에도 골목 구석구석 노점에서 파는 분짜Bun Cha, 반미Bánh mi 등 모든 것이 살아 숨 쉬는 아이디어이고 런던으로 가져오면 성공할 수 있는 아이템으로 보였다. 다른 아이템들에도 눈이 갔지만, 지금은 이것저것 손을 댈 때가 아니었다.

베트남의 첫인상은 마치 한국의 1970~1980년대 산업화 시대 같았다. 역동적이고 열정적이었다. 아침 6~7시면 쌀국수로 식사를 하고 하루를 시작하는 베트남 사람들은 늘 에너지가 넘쳤다. 그런 베트남 사람들의 대표 음식이 쌀국수이니, 평생 열정을 갖고 행동하

쌀국수 사업 조사를 위한 하노이 출장

고 도전하며 살아온 나와 쌀국수가 잘 맞는다는 생각이 들었다. 쌀국수로 런던을 먹어버리겠다는 결심으로 돌아왔다. 자본도 기술도 부족했다. 그간의 오랜 경험으로 볼 때 당장 급하게 시도하면 또 실패할 것 같았다. 다시 실패하고 싶지 않았다. 시간이 걸리더라도 어느 정도의 준비가 될 때까지 할 수 있는 모든 것을 시도하고 싶었다. 더는 실패하고 싶지 않은 간절함이 나의 마음을 가득 채웠다. 철저히 준비해서 이제 나도 날개를 달고 세상을 향해 날고 싶었다.

영국에 웨이트로즈Waitrose라는 슈퍼마켓 체인이 있다. 이곳에 초밥 도시락 테이크아웃 브랜드 스시 데일리Sushi Daily가 숍인숍Shop in Shop 형태로 영국 전역에서 운영되고 있다. 이 스시 데일리를 운영하는 글로벌 기업 켈리델리Kelly Delly의 최고경영자는 한국인 켈리 최이다. 『파리에서 도시락을 파는 여자』라는 책으로 한국인들에게 알려졌다. 그녀는 10억 원의 빚더미에서 시작해 7년 만에 유럽 10개국의 700여 개 매장에서 연매출 5,000억 원을 올리게 된 기적의 주인공이다.

베트남에서 런던으로 돌아온 지 얼마 지나지 않아 우연한 기회에 런던 버로우 마켓Borough Market 근처 한 커피숍에서 켈리 최 회장을 만났다. 오래전부터 켈리 최 회장을 만나고 싶었기에 수소문 끝에 어렵게 구한 연락처로 이메일을 보냈는데, 최 회장의 수행 비서가 답을 주었다. 수행 비서와 몇 번의 연락이 오고 가고 결국 최 회장

켈리 최 회장이 경영하는 스시 데일리 매장

을 만날 기회가 생겼다. 런던에 체류하는 한인 몇 명이 번개식으로
모임을 만들었다. 켈리 최 회장을 만나 그동안 계획했던 베트남 쌀
국수 사업에 대해 자신 있게 이야기했다. 그녀로부터 "정말 좋은 아
이디어네요"라는 대답을 듣고 싶은 속마음이었다. 그런데 돌아오는
최 회장의 답변이 나의 머리를 '꽝' 하고 쳤다.

"한국 사람인데 베트남 음식 장사를 하려는 특별한 이유가 있
나요?"

"특별한 이유는 없습니다. 베트남까지 가서 벤치마킹하며 준비했
고, 런던에서 하면 성공할 것이라는 확신이 있습니다."

"한국 사람은 한식을 제일 잘 알 텐데 한식을 하는 것이 어떨까
요? 한식을 하세요. 이제 한국인의 시대입니다."

이 만남 이후로 머릿속으로 많은 생각이 스쳐 지나갔다. 며칠간

결정적 조언을 해준 켈리 최 회장과 함께

고민했다. 현재 영국은 물론 유럽에서 가장 성공한 글로벌 기업 회장이자 같은 한국 사람이 나에게 해준 충고가 머릿속에서 쉽게 지워지지 않았다. 또다시 빚을 내고 있는 돈 없는 돈을 다 끌어모아 런던 시내에 작은 쌀국수 전문점을 오픈하려고 했던 계획이 순간 멈칫했다.

나는 생각나는 대로 행동해야만 직성이 풀리는 사람이다. 평생을 그렇게 살았다. 물론 잘된 적도 한두 번 있었다. 하지만 대부분이 실패로 끝났다. 또 한 번의 실패를 내 사전에 기록하고 싶지 않았다. 그래서 이번 쌀국수 사업만큼은 어느 때보다 더 간절했고 잘 준비해서 시작하고 싶었다.

'그런데 한식 사업을 하라니…'

그러고 보니 지금까지 살아오면서 내 생각과 아이디어에 대한 객관화 과정을 거친 적이 없었다. 주변에 의견을 물어볼 때조차 마음속으로 이미 결정하고 '내 생각'이 틀리지 않음을 확인하기 위한 것이었다. 진심으로 주변 사람의 충고에 귀 기울인 일이 없었다. 그런데 이번만큼은 나보다 앞서 길을 걸어가며 수많은 시행착오를 거쳤을 사업 선배의 이야기에 귀 기울여야 한다는 판단이 본능적으로 떠올랐다.

오랜 고민 끝에 난생처음 내 결심을 스스로 내려놓았다. 글로벌 기업 회장이라는 권위에 대한 굴복이라기보다, 나 스스로 내려놓을 수 있는 관록이 생긴 것이다. 예전 같았다면 그냥 밀고 나갔을 것이다. 하지만 이제는 실패 속에서 인생의 경험에도 나이테가 생겼다. 잠시 멈춰 서서 삶을 되돌아볼 여유를 갖게 되었다. 어떻게 보면 그녀의 한마디 말이 성급하게 달려온 내 인생에 '빨간색 신호등'이 되어주었다. 내게는 '하나의 문이 닫히면 또 다른 또 하나의 문이 열린다'는 신념이 있었다. '쌀국수'의 문이 닫힌다면 최 회장의 말처럼 '한식'이란 문이 열릴 것 같은 기대가 생겼다. 그리고 다시 한번 문을 두드리고 열어보고 싶어졌다. 당시에는 어떻게 그 문이 열릴지 짐작조차 하지 못했지만 말이다.

남의 사업을 내 일처럼 하면
정말 내 사업이 시작된다

△

켈리 최 회장과 만난 이후 그녀의 수행 비서를 몇 번 더 만났고 최 회장과도 한 번 더 만남을 가졌다. 그때마다 영국에서 한식 사업을 해야겠다는 결심이 더 굳어졌다. 그런데 막상 한식당을 혼자 오픈하려니 어디에서부터 시작해야 할지 막막했다. 그리고 두려웠다. 런던에서 30~40석 이상 규모의 식당 하나를 오픈하는 데 아무리 못 해도 30만 파운드(당시 약 5억 원) 정도가 필요했다. 물론 규모가 커지면 커질수록 비용은 늘어난다. 그중에 제일 큰 부분을 차지하는 것이 권리금이다. 영국에서는 권리금을 프리미엄Premium 이라고 하는데 런던 시내에서 작은 규모의 매장을 인수하려면 평균적으로 10만~20만 파운드(당시 약 2억~3억 원) 가까이 프리미엄을 지불해야 한다. 인건비가 비싼 런던에서는 매장 인테리어 공사 비용도 10만~20만 파운드 정도 소요된다. 기술이 좋은 한족들이 인테리어나 목공, 배관, 전기, 가스 등의 일을 비교적 저렴하게 해주고 있어 비용을 조금 절감할 수 있지만, 자격증이 없는 경우가 대다수여서 위험 요소가 많았다. 비용을 아낄 수 있는 모든 방법을 동원하여 최소 예상 견적을 잡아본 결과 30만 파운드가 필요했다. 캠든 마켓 때부터 돈을 빌리며 사업을 시작해서 의류 유통업까지 모든 자본을 다 써버렸고 2억 원 가까이 되는 빚까지 떠안은 상황이었다. 그러니 한식 매장 오픈은 그림의 떡이었다. 마음속으로도 '내가 5억 원이 어디 있어?'라는 생각이 들었다.

엎친 데 덮친 격으로 영국 비자가 만료되었다. 9년째 여러 번 연장을 거듭해 마지막으로 받은 비자를 더 연장할 방법이 없었다. 원치 않게 한국으로 돌아가야 하는 상황이었다. 1년만 더 버티면 합법적으로 영국에 10년 동안 체류한 사람에게 주는 영주권을 받을 수 있는데, 길이 보이지 않았다. 수소문 끝에 이민 전문 변호사 에이드리언Adrian을 소개받았다. 그는 우리 아이들이 영국에서 태어나고 성장해서 7년이 되면 이미 학습된 문화와 언어로 타국에서 적응하는 데 어려움이 있다고 간주된다고 설명해주었다. 영국 정부에서도 이를 충분한 사유로 봐주고 사례도 많이 있으니 인권 비자를 진행해보자고 권유했다. 나와 아내 그리고 두 아이까지 비자 연장 비용이 1만 파운드(당시 약 1,500만 원)가 들었다. 어쩔 수 없이 한국 가족들에게 사정을 이야기하고 또다시 손을 벌릴 수밖에 없었다. 9년간 잘 버텨왔기에, 나와 아내는 차후에 한국으로 돌아간다고 하더라도 아이들은 영주권을 받을 수 있도록 해주고 싶은 마음이 컸다. 이런 상황에 무슨 새로운 비즈니스를 할 수 있겠는가. '한식 사업을 포기해야 하나'라는 마음이 들기 시작했다. 그때는 말 그대로 불가능한 일로 보였다.

아슬아슬한 날들을 보내고 있는 와중에 런던에 거주 중인 아내의 친척 부부가 만나자는 연락을 해왔다. 여행업에 종사하고 계셨는데 런던 중심지에 한식당을 오픈할 계획이라고 했다. 나는 축하의 인사를 건넸다. 그런데 대뜸 오픈 멤버가 되어달라고 제안했다. 순간 깜짝 놀랐다. 최 회장과의 만남 이후 뜻하지도 않게 길이 열린 것이다. 마음속으로 여러 가지 생각이 들었다.

'그래 지금은 아무런 자본도 없고 경험도 없으니 하나님이 주신 기회라고 생각하고 일단 한번 해보자!'

이곳에서 좋은 기회가 생길 수도 있겠다는 생각이 들었다. 친척분도 레스토랑 운영 경험이 없었던 터라 함께 식당을 오픈하기 위한 준비를 하며 시행착오를 많이 겪었다. 한 달여쯤 지나자 차츰차츰 레스토랑 운영 시스템이 만들어졌다. 2015년 여름 대대적인 오픈을 했다. 런던의 여름은 1년 중 가장 조용한 시기다. 직장인들은 휴가를 가고, 학생들은 여름방학을 맞아 본국으로 돌아간다. 9월이 되어야 사람들이 돌아온다. 그렇기에 여름 기간은 소프트 오프닝Soft Opening이라고 생각하고 전반적인 운영을 테스트했다. 처음 몇 달은

오전 10시쯤 출근하여 자정 넘어 퇴근했다. 2개월 가까이 지나자 소문을 듣고 방문하는 손님이 점점 늘어나기 시작했다. 처음엔 한국인들이 주류를 이루었는데 갈수록 한국인 친구들에게 얘기를 듣고 온 영국인들이 늘어갔다. 그때부터는 새벽 2시까지 영업했다. 새벽에 일이 끝나면 기차가 없어 택시를 타고 퇴근했다. 이때부터는 내가 업장의 모든 운영을 책임지기 시작했다.

식당을 오픈하기 전까지 서비스 산업에 종사한 적이 없었던 나는 레스토랑 사업은 그저 친절이 가장 중요하다고 생각했었다. 하지만 이는 엄청난 착오였다. 실상은 모든 서비스 사업의 총합이 레스토랑 사업이라 해도 과언이 아니었다. 그래서 지금도 만나는 사람마다 외식 사업은 '종합예술'이라고 이야기한다. 그만큼 모든 사업의 중요 요소들이 녹여진 사업이 외식업이다.

한두 시간 머물다 가는 고객들을 만족시키기 위해서는 모든 운영에 이상이 없어야 한다. 하드웨어적인 부분인 매장의 시설 관리는 물론 소프트웨어인 직원들 관리와 서비스 교육까지 어느 것 하나 긴장을 늦출 수 없었다. 화장실이 막히거나 냉장고가 고장 난다거나 주방 직원이 무단 결근하는 등의 상황은 흔한 일이다. 이에 대한 빠른 대응이 없으면 그날 영업에 지장이 생긴다. 어디 그뿐인가? 음식도 일일이 신경 써야 한다. 그래서 주방과 끊임없이 소통해야 한다. 조금만 바빠 음식이 밀리거나, 맛이 짜거나 싱거우면 손님들의 표정이 변한다. 간접적으로 메시지를 던지기도 한다. 이를 통해 그날 전반적인 서비스에 대한 평가를 받을 수 있다.

사람을 상대하는 것이 이렇게 힘이 드는 일인지 처음엔 잘 몰랐다. 소위 진상이라고 말하는 예의가 없는 손님들도 꽤 많다. 음식 맛

친척분의 사업체를 맡아
운영하며 경험을 쌓았다.

이 없어 음식값을 못 내겠다는 손님은 물론, 그릇이 깨끗하지 않다
고 서비스를 요구하는 손님도 더러 존재한다. 어떤 손님은 저녁 영
업이 한창인 8시쯤에 술을 진탕 먹고 들어와서는 가만히 앉아 있
다가 테이블 위에 구토를 하기도 했다. 손님들만 그런 게 아니다. 직
원 중에도 이에 못지않은 상황을 만드는 경우가 있어 내부의 적도
항상 경계해야 했다. 특히 주방에서 조리를 담당하는 한국 이모들
에게는 긴장의 끈을 놓아서는 안 됐다. 항상 말을 조심해야 하고,
동시에 섭섭한 마음이 들지 않게 끊임없이 신경을 써서 챙겨줘야
했다.

하루도 긴장을 늦출 수가 없었다. 매일매일 전쟁 같았다. 아무

린 무장 없이 허허벌판에서 여기저기서 날아오는 총알을 그대로 받아내느라 무척 힘이 들었다. 그럼에도 타고난 생존 본능이 잘 발달한 터라 끊임없이 노력했다. 업무에서 개선할 사항을 매일 메모하고 즉시 고쳐나갔다. 예를 들어 나 혼자서 20명 가까이 되는 매장 직원들을 다 상대하기가 벅차 중간관리자인 슈퍼바이저를 뽑고 다시 그 밑에 팀 리더를 뽑아 다른 직원들보다 시급을 더 주고 휴가비도 챙겨주기 시작했다. 이를 통해 조직적으로 일하는 방법을 배웠다. 10명 정도의 직원은 혼자서 관리할 수 있으나 10명이 넘으면 그때는 조직적으로 일해야 한다. 그래서 내가 슈퍼바이저에게 업무를 주고 슈퍼바이저는 다시 팀 리더와 직원들을 관리하도록 시스템을 만들었다.

하지만 시스템이 잘 구축되어도 인간이 하는 일이기에 도태되거나 낙오하는 사람이 있기 마련이다. 힘들어 보이는 직원들은 별도로 불러내 밥이나 음료수를 사주며 격려해주었다. 이야기를 나누다 보면 결국 그들이 원하는 것은 자신이 열심히, 힘들게 일하고 있음에 대한 인정이었다. 사장이나 매니저 등 상급자가 자신의 노력을 인정해주지 않는다고 느낄 때, 또 자신에게 관심이 없다고 느낄 때 섭섭한 마음이 생겨 도태되거나 낙오하기 시작했다. 직원의 이야기를 경청해서 듣고 위로하고 격려해주었다. 그들의 마음을 이해할 수 있었기에 매 순간 진심이었다. 대화에서 진정성을 느꼈던 걸까. 힘들어하던 대다수 직원은 다시 마음의 문을 열고 일에 복귀하여 최선을 다하였다.

매장에 식사하러 오는 모든 손님 또한 일일이 진심으로 대했다. 그러다 보니 단골도 생기고 그 손님의 이름은 물론 좋아하는 음식까지 외우게 되었다. 나를 만나러 일부러 찾아오는 손님도 늘어났다. 시간이 지나고 나서 들은 얘기는, 내가 이곳을 퇴사하고 나서 단골손님 다수가 "사장님 오래 안 보이시는데 어디 가셨나?"라며 내 안부를 물었다고 한다. '내가 정말 사장처럼 일을 했구나'라는 사실을 실감하였다.

정말 주인처럼 일했다. 남의 가게를 대신 운영하는 것이 아니라 정말 내 가게라고 생각했다. 왜냐하면 최 회장과의 만남 이후 이 일이 하나님이 주신 기회라고 믿었기 때문이다. 그렇게 레스토랑 비즈니스의 기본기를 배웠다. 3년 반이란 시간 동안 결국 '음식 장사는 사람 장사'라는 것을 깨달았다. 대면 비즈니스는 얼굴과 얼굴이 맞닿아야 하는 사업군이다. 경영학에서도 손님을 외부 고객이라고 하고 직원을 내부 고객이라고 지칭한다. 두 부류의 고객을 내 편으로 만드는 것이 외식 사업의 가장 중요한 요소라는 것을 현장에서 배우고 익혔다.

만약 내가 아무런 준비도 없이 내 사업을 시작했더라면 이 모든 것을 혼자 시행착오를 거치며 배워야 했을 테니 많은 시간과 노력이 필요했을 것이다. '언젠가는 내 사업을 할 것이다'라는 확고한 믿음으로 하루하루를 견뎠다. 종일 서서 일해야 하고, 퇴근 후 집에 도

하나님께 기도하며 앞날의 길을 묻는다.

착하면 새벽 3시가 되었다. 피로가 누적되다 보니 결국 잇몸에 문제가 생겨 오랫동안 고생을 하다 잇몸 수술까지 받아야 했다. 그렇게 3년 정도가 지났다.

그런데 어느 날 친척분 내외가 아내를 조용히 불렀다. 나도 사람인지라 육체적으로 피곤했던지 때론 얼굴에 피로가 묻어 나왔던 모양이다. 늦게까지 일을 하다 보니 피곤이 많이 쌓였었다. 그들은 아내에게 내가 많이 고생하는 것 같다며 많이 힘들면 다른 길을 찾아보는 것도 좋지 않겠냐고 조언했다. 그동안 여러 차례 고비가 왔지만 잘 버텨냈는데 이젠 때가 되었구나 싶었다. 여전히 사업을 할 금전적인 준비는 되지 않았지만, 인생에서 변화의 사인Sign이 올 때는 진지하게 고민을 할 필요도 있다고 생각했다. 당장은 아니지만, 조만간 결정을 내려야 했다. 마음속으로 앞날의 길을 두고 하나님께 많이 기도했다.

4년 만에 시작한 한식 사업

△

친척의 레스토랑 퇴사를 결심하고 여러 가지 길을 알아보던 중 뜻하지 않은 곳에서 길이 열렸다. 예전 의류 회사에서 일할 때 만난 박 실장과 퇴사 후에도 호형호제하며 가깝게 지내온 것이 계기가 됐다. 박 실장과 자주 만나다 보니 박 실장의 지인들과 친해질 기회가 잦았다. 그중 한 분인 김 사장은 영국 이민 1세대로 오래전에 영국에 이민 와서 자리 잡은 사업가였다. 런던에서 부동산과 레스토랑을 여러 개 소유하고 있다고 들었다. 김 사장은 박 실장을 통해 나의 험난한 영국 생활을 자주 전해 들어서인지 만날 때마다 격려를 많이 해주었다. 특히 함께 만날 때마다 박 실장은 빠지지 않고 의류 회사에서 진심으로 일했던 모습들을 김 사장에게 들려주었다. 특히 쓰레기통을 뒤져가며 입장권을 구해 패션쇼에 참가했던 때를 언급하며 "아마 영훈 씨는 한국에서 영업했더라면 전국 영업왕이 되었을 것"이라고 농담 반 진담 반으로 이야기해 함께 많이 웃었다.

어느 날 김 사장에게서 따로 만나자는 연락이 왔다. 오랫동안 일을 하다 보니 이젠 좀 쉬고 싶다며 나에게 레스토랑 한 곳을 인수할 생각이 있는지 물었다. 마치 퍼즐의 조각들이 제자리를 찾아가듯 끼워 맞춰지는 느낌이 들었다. 며칠간 고민한 끝에 인수하겠다는 의사를 전했다. 나의 경제적 상황을 잘 아는지 가게 보증금과 권리금을 분납해서 갚을 수 있도록 배려해주었다. 런던에서 레스토랑 하나를 오픈하려면 적게는 3억 원에서, 많게는 5억 원 가까이 되는 돈이 수중에 있어야 한다. 1년에 3,000만 원에서 5,000만 원을 10년 동안 악착같이 모아야 가능한 일이다. 당시 내 수입으로 계산하면 20년은 꼬박 모아야 가능한 일이었다. 은행에서 대출을 받더라도 결코 적은 금액이 아니었다. 그리고 돈이 있더라도 경험이 없으면 수많은 문제에 봉착해 결국 도중에 하차할 가능성도 크다. 하지만 나는 레스토랑 운영과 관련해서는 이미 준비되어 있었다. 지난 3년 반 동안 친척의 레스토랑을 대리 운영하며 현장 교육을 받지 않았던가.

친척 부부에게는 상황을 잘 말씀드리고 한 달 동안 인수인계를 하고 3년 반 근무를 마무리하였다. 그리고 한 달 후인 2019년 3월 말 새로운 가게 열쇠를 건네받았다. 말할 수 없는 감격이 나를 감쌌

레스토랑 토방

다. 정말 꿈만 같았다. 돌아보니 열다섯 살 때 군고구마 장사 이후로 30년 만에 다시 음식 장사로 돌아왔다. 베트남에 다녀와서 쌀국수 레스토랑을 오픈하겠다고 무리하게 시도했더라면 또다시 실패를 맛보았을 수도 있다. 생각만 해도 아찔했다. 하지만 켈리 최 회장과의 운명적인 만남 이후로 생각이 바뀌었고, 또다시 좋은 기회로 3년 반 동안 레스토랑 운영 경험을 쌓은 결과 한식당을 오픈하겠다는 결심을 한 지 4년 만에 한식 레스토랑 사업을 시작하게 되었다.

2019년 3월 계약서에 서명함으로써 가게 인수가 최종적으로 결정되었다. 한식당 '토방Tohbang'은 런던 중심지 패링던Farringdon과 홀본

Holborn 사이에 위치한 50석 규모의 한식당이다. 근처에 회사 사무실이 밀집했는데, 영국 직장인들 사이에서 맛집으로 소문이 났다. 무엇보다 메뉴가 다양해 런던 시내에서 메뉴 종류로는 3위 안에 든다. 소위 '대박'이 난 식당은 아니지만, 단골이 많고 한곳에서 10년 이상 자리를 지켜온 내공 있는 식당이다. 의류 회사에서 일할 때 나는 손님으로 이곳을 즐겨 찾았다. 런던의 많은 한식당 중에서 유일하게 집밥 맛이 났기 때문이다. 그때는 내가 이곳 사장이 될지 꿈에도 몰랐다.

가장 먼저 한 일은 이곳에서 초기부터 주방을 맡아 일해온 주방장과의 면담이었다. 15년 가까이 유지되어온 곳이니 이 일은 매우 중요했다. 주방장은 나보다 조금 일찍 영국에 와서 근 20년째 정착해 런던에 살고 있는 여성이다. 한결같이 맛이 유지된다는 것은 어떻게 보면 외식업에서 가장 큰 힘이다. 어느 날 꾸준히 잘 오던 손님들이 갑자기 오지 않는다면 맛이 없어서가 아니라 맛이 변해서이다. 주방장을 만나 그동안 어떻게 일해왔는지, 근무 조건은 어떤지, 혹시 개선 사항은 없는지 이야기를 주고받았다.

기존에 운영되던 가게를 인수하다 보니 이곳에서 오랫동안 일한 직원들과 손님들을 최대한 파악할 필요가 있었다. 이와 동시에 내가 원하는 방향으로도 변화를 꾀하고 싶었다. 하지만 너무 급진적으로 변화를 줄 수는 없었다. 이곳의 전통과 문화를 지켜나가며 차츰차츰 내 방식대로 바꿔야 했다. 건물이 오래되어 식당 내부도 화려하지 않았다. 하지만 오래된 흙색 테이블과 간판이 왠지 고향 집에 온 것 같은 정겨움을 주었다.

우선순위에 따라 몇 가지를 결정하였다. 첫 번째 결정은 이곳의 느낌과 분위기 그리고 맛을 그대로 유지하는 것이었다. 오래되어 빛이 바랜 간판도 바꾸고 싶은 마음이 간절했지만, 혹시라도 오랜만에 이곳을 방문하는 손님들에게 뭔가 많이 바뀌었다는 인상을 주고 싶지 않아 녹이 슬고 때가 탄 간판을 그대로 두었다.

한번은 홍콩 손님이 들어왔다. 여기저기 두리번거리며 자리에 앉길래 무슨 일인가 해서 물어보았다. 손님은 10년 전에 학생으로 있을 때 여기 단골이었다고 했다. 공부를 마치고 홍콩으로 돌아갔다가 10년 만에 출장 겸 여행으로 런던을 방문했고, 이 식당도 꼭 한 번 다시 오고 싶었는데 직접 와보니 하나도 변하지 않아 놀랐다며 반가워했다.

두 번째 결정은 100여 가지가 넘는 메뉴 중에 판매 순위 상위 10% 메뉴에 집중하고 하위 10% 메뉴는 과감히 포기하는 것이었다. 상위 10%라고 해봤자 달리 특별하진 않았다. 다른 여느 식당들과 마찬가지로 돌솥비빔밥, 파전, 군만두, 김치찌개 정도였다. 이 음식들은 런던 시내 어딜 가든 먹을 수 있어서 차별화가 되지 않았다. 게다가 식당 위치도 다른 식당에 비해 접근성이 떨어져 런던에서 아무도 선보이지 않은 우리만의 특별한 메뉴가 더 필요했다. 전통을 잘 지켜나가되 신규 손님들을 유입시킬 수 있는 특별한 음식이 뭐가

신메뉴 막창

있을까를 꽤 오래 고민했다.

　답은 언제나 가까이에 있는 법이다. 한 아르바이트생이 공부를 마치고 한국으로 돌아갈 때가 되어 대화를 나누었는데 그는 그동안 런던에서 '막창'이 너무 먹고 싶었는데 어디서도 찾을 수가 없었다며 아쉬워했다. 내가 막창의 본고장인 대구 출신 아닌가. 거기서도 막창 골목으로 유명한 안지랭이가 바로 고향 집 앞에 있었다. 나와 아내 모두 막창을 좋아해서 영국을 오기 전에 데이트 코스로 자주 막창 골목을 갔었다.

　아내도 역시 꼭 막창을 하라고 재촉했다. 고기 납품 업체에 문의했더니 막창을 구할 수 있다고 했다. 영국 사람들이 잘 먹지 않는 부위라 납품 가격도 저렴했다. 주방장과 의논 끝에 바로 막창을 개

시했다. 메뉴에 보쌈이 있어 기본적인 조리법은 보쌈과 비슷한 방식으로 결정했다. 막창구이 그리고 고추장 양념으로 볶은 매운 막창 두 가지를 출시했다. 처음엔 주문이 드문드문 들어왔다. 한두 달 지켜보자는 생각으로 기다렸다. 그런데 한국 사람들 사이에서 런던에서 막창을 먹을 수 있는 곳이 있다는 소문이 퍼졌다. 어느 순간부터 런던에 사는 한인들 사이에서 '막창=토방'이라는 공식이 생겼다. 지금은 한국 사람은 물론 영국 사람들도 많이 주문한다. 막창은 이제 시그니처Signatur 메뉴가 되어 베스트셀러에 당당히 이름을 올리고

양념치킨 출시 후
설치한 옥외 광고판

있다.

양념치킨도 이러한 과정을 거쳐 효자 메뉴가 되었다. 한국에서야 흔한 음식이지만 가게를 인수할 당시 마침 런던에서 한국 치킨 붐이 불기 시작했다. 한 홍콩인 사업가가 치킨집 윙윙WingWing을 오픈해 한국 음식점인 것처럼 사업을 시작했는데 인기에 힘입어 매장을 확장하고 있던 차였다. 이를 보며 제대로 한국의 맛을 낸 치킨을 내놓으면 분명히 승산이 있겠다는 확신이 들었다. 주방장과 몇 주에 걸쳐 레시피를 개발한 끝에 최고는 아니지만 만족할 만한 수준의 치킨을 선보일 수 있었다. 현재 치킨의 객당 주문율은 80%에 달한다. 10팀의 손님이 오면 8팀은 꼭 치킨을 주문한다. 돌솥비빔밥과 김치찌개를 제치고 부동의 판매 1위를 차지하고 있다.

마지막으로 결정한 것은 마케팅과 홍보이다. 내가 인수하기 전에는 E-POS(전산 시스템)도 없이 운영되고 SNS 운영이나 별다른 홍보를 하지 않았다. 나는 제대로 된 홍보를 시작하기 위해 인스타그램 계정을 오픈하고 음식 사진을 한 장씩 올리기 시작했다. 그 뒤로 제법 많은 양의 DM이 왔다. 특히 예약 문의가 많이 들어왔다. 한국의 '배달의민족' 격인 음식배달 앱 '딜리버루Delieveroo'와 '우버이츠Uber Eats'에도 등록했다.

배달 앱들이 매출의 30%에 달하는 지나치게 높은 커미션을 요구해 망설였지만, 이익을 최소한으로 가져가더라도 좋은 홍보 수단을 확보하겠다는 생각으로 손해를 감수했다. 결과적으로 이 또한 좋은

코로나19 당시 매장 내부 모습

코로나 봉쇄 이후 영업을 재개한 매장 모습

효과를 거두었다. 배달 음식 주문 건이 높아진 것은 물론 직접 매장 방문으로도 이어졌다. 무엇보다 배달 앱은 가게 인수 후 1년 뒤 맞은 코로나 봉쇄령에도 가게를 유지할 수 있는 귀한 수단이 되었다.

유튜브 채널도 열었다. 당시 500만 구독자를 보유한 유튜브 채널 '영국 남자Korean Englishman'에서 주인공 조쉬Josh가 한국 문화에 대한 소개 영상을 올리며 인기를 얻고 있었다(물론 지금도 인기가 높다). 조쉬가 올린 콘텐츠 중 한식이 많은 호응을 끄는 것을 보았다. 특히 조쉬가 음식을 먹은 식당은 자연스럽게 홍보되었다. 내심 '우리 가게에도 방문하면 좋을 텐데'라는 바람이 있었지만 내가 조쉬의 발걸음을 결정할 수는 없었다. 내가 할 수 있는 일을 해야 했다. 각각의 메뉴를 비디오로 찍어 유튜브 채널에 업로드하기 시작했다. 어차피 돈이 들지 않는 일이니 못 할 이유가 없었다. 유튜브는 아직 초기 단계여서 당장의 결과를 보기는 힘들겠지만, 콘텐츠가 누적되면 인스타그램 못지않은 좋은 홍보 수단이 될 가능성이 크기에 많은 신경을 기울이는 중이다.

가게 문화 유지, 신메뉴 개발, 홍보와 마케팅. 이 세 가지 결정은 서서히 많은 변화를 불러일으켰다. 잠재력이 많은 식당이었던 만큼 작은 변화에도 눈에 띄는 결과가 따라왔다. 이 결정들은 지난 4년간 매출 200% 성장이라는 결과를 이끌어내었다. 4년 중 2년여는 코로나로 인해 가게 운영이 정상적이지 않았으니, 썩 괜찮은 결과가 아니었나 싶다.

런던에 부는 한국 열풍!
팬데믹에도 **200%** 성장

△

런던 패링턴은 사무실 밀집 지역이면서도 대학교와 학생들의 기숙사 그리고 주택이 모여 있는 곳이다. 그렇다 보니 매장을 방문하는 손님들이 두 종류로 확연하게 분류된다. 첫 번째는 가성비를 찾아 한 끼 끼니를 때우러 온 직장인과 학생들이다. 두 번째는 정말 한식이 먹고 싶어 방문한 한식 마니아들이다. 그런데 두 마리 토끼를 쫓다가 보면 자칫 두 마리 다 놓칠 수가 있다. 두 부류의 손님을 다 잡기 위해 한 매장에서 다른 콘셉트를 제공할 수는 없지만, 영업 시간에 따라 가격 변화를 주어 니즈Needs를 맞출 수는 있다. 그래서 점심시간에는 주변 직장인과 학생 손님에게 집중해서 메뉴의 가성비를 높였고, 저녁에는 한식을 즐겨 먹는 손님을 위한 메뉴 구성에 집중했다.

'런치 특선'은 직장인들의 주머니 사정을 고려해 만든 대표 메뉴다. 20가지 정도의 메인 메뉴에 쌀밥과 두 가지 반찬이 함께 나온다. 몇 해 전에 미국 뉴욕 코리아타운의 한식당에서 식사한 적이 있는데, 한국에서 흔히 볼 수 있는 식당들처럼 무료 밑반찬이 푸짐하게 나와 즐겁게 먹었던 기억이 있다. 하지만 물가가 비싼 런던에서는 밑반찬을 무료로 주는 식당은 한인타운인 뉴몰든New Malden을 제외하면 거의 없다. 이러한 아이디어에 착안해 메인 메뉴 한 그릇에 반찬이 함께 나오는 런치 특선의 가격을 9.90파운드로 책정했다. 런던에서 이 가격에 이 정도 양과 질이면 가성비가 높다고 여겨져 2~3시간 남짓인 점심시간에 손님들이 몰려 항상 만원을 이룬다.

저녁 메뉴 구성은 스토리나 한국 문화에 초점을 맞추었다. 음악, 영화, 드라마로 이어지는 한류 바람을 활용한 스토리를 구상하고 한국 문화를 더욱 알리려 시도하면서 다양한 메뉴 개발이 이뤄졌다. 대표적인 메뉴는 넷플릭스 드라마 〈오징어 게임〉에 나왔던 도시락과 영화 〈기생충〉으로 알려진 '짜파구리'이다. 〈기생충〉이 세계 시장에서 흥행했을 때는 영화에 등장했던 짜파구리를 '람동Ramdon(영화 중 짜파구리를 영어 단어로 옮긴 이름, 라면과 우동을 합한 말)'이란 이름으로 출시해 팔기 시작했는데 반응이 기대 이상이었다.

〈오징어 게임〉이 한창 전 세계적으로 인기를 끌던 2021년 겨울, 〈오징어 게임〉을 봤냐며 인사를 건네는 손님들이 많았다. 이번에는

영화〈기생충〉에 등장한 짜파구리를 람동이라는 메뉴로 내놓았다.

〈오징어 게임〉에 등장한 음식이 없을까 고민하다가 마침 양은 도시락 먹는 장면이 인터넷에 있어 한국에서 양은 도시락 한 상자를 주문하고 바로 포스터 제작에 들어갔다. 테스트로 흰쌀밥에 메인 메뉴 한 가지와 달걀프라이, 4가지 반찬(김치, 해초 무침, 단무지, 만두 2조각)을 도시락에 담아보니 알록달록한 도시락이 되어 제법 모양새가 나왔다. 원래 계획은 도시락을 주문하면 '달고나 뽑기'를 서비스로 제공할 생각이었다. 그런데 주방이 오픈해서 마감까지 풀로 돌아가는데 달고나까지 제작하려니 인력 부담이 커 여러 가지 이유로 포기

오징어 게임 벤토 박스

해야 했다. 12.90파운드로 가격을 정하고 메뉴 출시를 했더니 반응이 폭발적이었다. 매장에 들어서는 사람마다 '오징어 게임 벤토 박스'라고 적힌 포스터를 보며 저마다 웃으며 포스트에서 눈을 떼지 못했다. 게다가 런던 어느 곳에서도 오징어 게임 도시락을 상품으로 팔지 않으니 시그니처 메뉴로도 손색이 없었다.

그 외에도 '대구 막창', '비 오는 날엔 전골' 등 특정 지역이나 날씨와 음식을 연결해 스토리를 입혔다. 한식을 접할 기회가 적어 메뉴 선택을 힘들어하는 손님들을 위해 다양한 음식을 맛볼 수 있는 세트 메뉴를 추천한다. 2명 1세트가 기본 메뉴여서 손님 입장에서는 8가지나 되는 여러 종류의 음식을 한 번에 맛볼 수 있는 장점이 있고, 가게 입장에서는 평균 1인당 30파운드 메뉴를 동시에 2개 팔수 있으니 서로 기분 좋은 거래이다.

도시락의 인기가 높아지면서 점심시간에도 판매를 시도했다. 신기하게도 9.90파운드짜리 런치 특선 메뉴만 시키던 사람들이 오징어 게임 벤토 박스를 시키기 시작했다. 9.90파운드에 3파운드만 더쓰면 추가로 달걀프라이와 반찬 4가지를 더 먹을 수 있으니 주머니를 열기 시작한 것이다. 오징어 게임 벤토 박스가 런치 특선보다 3파운드 비싸긴 하지만 가성비가 더 좋다. 사람들이 점심시간엔 항상 9.90파운드짜리 점심 특선만 주문해서 나 스스로도 이 가격대에 객단가를 한정하고 있었다. 하지만 소비자들은 가격 대비 제품이나 서비스의 가치에 따라 지출을 달리하였다.

지금은 오징어 게임 벤토 박스 가격이 14.90파운드(영국 인플레이션이 10%를 넘어갔기에 어쩔 수 없이 인상하였다)로 인상되었지만, 여전히 인기 메뉴이다. 원가는 런치 특선과 오징어 게임 벤토 박스의 차이가 크지 않다. 반면 손님들은 9.90파운드짜리 런치 특선을 먹으러 들어왔다가 50%의 돈을 추가로 쓰고 나간다. 의도한 건 아니었지만 런치 특선이 직장인들과 주변 학생들에게 미끼 상품, 즉 로스 리더Loss Leader 상품으로 작용했다. 고객을 유인하여 시그니처 상품이나 그 외 추가 소비를 이끌어내는 역할을 한 것이다. 결국 레스토랑 사업은 시그니처 상품이 가장 큰 수익을 가져다준다. 로스 리더 상품은 수익 증대가 아니라 손님을 유인하는 목적으로 존재한다. 영국 인플레이션율이 계속해서 올라가고 있지만 특별한 일이 없는 한 런치 특선은 9.90파운드를 유지할 생각이다. 대신 시그니처 메뉴인 오징어 게임 벤토 박스나 희소성이 있는 메뉴들은 경제 상황에 따라 가격을 인상할 수도 있다.

우리 매장의 수익을 가져다주는 또 다른 효자는 음료이다. 요즘은 카페에서 커피 한 잔과 케이크 하나 먹으면 비용이 웬만한 식사비만큼 나온다. 음료 수요에 따라 음료가 성장하고 있다는 뜻이다. 사람들은 이제 음료에 과감하게 지출한다. 매출의 20%가량이 주류와 음료수로부터 나온다. 도매상에서 받은 탄산음료나 한국 주류를 메뉴에 넣어두고 팔아보지만, 어디까지나 소비자들의 그날그날 기분과 상황에 좌우된다. 수동적인 매출이다. 그래서 음료를 이용해 주도적으로 매출을 일으킬 수 없을까를 고민하였다. 직원의 권유로 네이버나 유튜브에 소개된 요즘 한국에서 유행하는 음료나 주류를 따라서 만들어보았다. 대표적인 예가 '소히또Sojito'로 스페인 모히또Mojito를 변형해서 만든 칵테일이다. 보통 럼주에 레몬주스를 섞는데 소히또는 약간의 소주에 레몬주스를 섞어 만들었다. 그런데 이상하게 판매가 저조했다. '한국에서 잘 팔렸다는데 왜 안 팔릴까?'

예쁘게 소히또 포스터를 제작해 테이블마다 놓아두어도 손님들이 쳐다보지도 않았다. 원인을 알 수가 없었다. 이번엔 런던 다른 레스토랑에서 잘 팔리고 있다는 칵테일을 시도했다. 사이다와 약간의 럼주를 섞어 아이스크림을 넣어 판매하는 '아이스롤리' 칵테일을 출시했다. 보기에는 그럴싸한데 하루에 한두 개, 어떤 날에는 하나도 팔리지 않았다. 고민 끝에 아이디어를 벤치마킹하지 말고 우리 특성에 맞게 개발해보자고 결심했다. 기존 메뉴 중에 '한국 매실 그대로의 맛'이란 광고 카피로 매실 원액과 물을 섞어 만든 아이스 매실차가 꽤 인기가 좋았다. 같은 방법으로 매실 과실즙에 탄산 소다수를 섞어 '플럼에이드Plumade'를 개발했다. 4.50파운드로 영국의 스타벅스 프라푸치노 하나 가격과 똑같이 책정하고, 손님들의 반응을 기다렸는데 불티나게 팔리기 시작했다. 원가를 책정하니 20배 이상 남아 단연 마진율 1위 메뉴가 되었다. 음료 메뉴에서 여전히 부동의

수익성 좋은 음료 플럼에이드 포스터

끊임없이 새로운 메뉴를 시도하고 있다. 개발 중인 불고기빵

베스트셀러 1위를 자리를 차지하고 있다.

작은 시도들을 통해 새로운 메뉴 개발을 끊임없이 하고 있다. 남들이 하지 않는 것 혹은 남들도 하지만 조금 더 다르게 할 수 있는 것을 고민해왔다. 내가 영국인이 아니기에 그들의 깊은 정서를 다 이해할 수는 없다. 설사 정서를 이해한다 하더라도 사업은 또 다른 형태의 접근이 필요하다. 그래서 소비자 행동에 관한 연구와 공부가 필수적이다. 대학교에서 경영학을 공부하며 소비자 행동론을 배웠지만, 답은 언제나 현장에 있었다. 그래서 현장에서 끊임없이 시도하고 소비자의 반응을 실시간으로 잘 확인해야 한다. 내가 팔고 싶은 것이 아니라 그들이 원하는 걸 파는 것이 중요하다.

마지막으로 가게 매출 극대화를 위해 테이블 회전율을 높이는 데 집중했다. 집중한다는 말은 불필요한 것을 줄인다는 뜻이다. 초등학교 시절 자연 시간에 운동장에 나가 땡볕에 돋보기로 빛을 모아 종이를 태웠던 기억이 있다. 집중은 그만큼 대상이 되는 한 가지에 모든 초점을 맞추는 일이다. 그 말은 반대로 필요 없는 것은 버리는 과정이기도 하다. 테이블 회전율을 높이는 방안을 강구하고 불필요한 부분은 과감히 도려내었다. 디저트 메뉴가 대표적이다.

50여 석 정도의 크지도 작지도 않은 중간 규모의 식당이기에 저녁 때면 언제나 자리가 부족하다. 매장 사이즈가 조금만 더 컸으면 하는 아쉬움이 있었지만 주어진 상황에서 내가 할 수 있는 것에만 집중했다. 사이즈는 바꿀 수 없지만 매장을 방문하는 고객의 숫자는 조금만 노력하면 늘릴 수 있겠다는 생각이 들었다. 그렇다면 테이블 회전을 최대한 늘릴 수밖에 없었다. 식사가 끝나지 않은 손님들을 재촉해서 억지로 나가라고 할 수는 없다. 그래서 결정한 것이 디저트 메뉴 최소화이다. 녹차 아이스크림 한 가지만 남기고 전부 없앴다. 런던에서는 디저트 없는 레스토랑은 찾아보기 어렵다. 손님들은 평균적으로 디저트를 먹고 나면 20분에서 30분 정도 더 체류한다. 이 시간을 과감히 포기했다. 4~5파운드가량인 디저트 판매를 포기하는 대신 50파운드 이상의 가치가 넘는 테이블 회전을 선택했다.

로스 리더 상품으로 고객을 매장으로 유입하게 만들고 매장에서는 가치에 따라 소비를 하는 고객들의 행동을 파악해 메뉴를 개발했다. 영국인들의 기호를 잘 파악해 매실을 이용해 플럼에이드를 개발해서 매장 내에서는 코카콜라보다 더 많은 판매를 이끌어냈고 추가 소비를 유도했다. 그리고 디저트 메뉴를 없애 테이블 회전율을 높였다. 1인당 객단가를 10파운드에서 15~20파운드 내외로 증가시키며 소비를 최소 50% 이상 더 유도했다. 어떻게 하든 매장에 체류하는 짧은 시간 동안 고객들을 유혹해야 한다. 오늘 이 메뉴를 시키면 다음엔 저 메뉴를 먹어보라고 꼭 권유한다. 재방문의 여지를 만드는 것이다. 그럼 거짓말처럼 다시 와서 지난번 추천받은 그 메뉴를 꼭 주문한다. 고객들은 돈 쓸 준비가 되어 있다. 다만 어디에 써야 할지 모를 뿐이다.

"대부분 사람은 제품을 보여주기 전까진 자신들이 원하는 게 뭔지도 정확히 모른다."

애플 창업자인 고 스티브 잡스가 남긴 말이다. 고객들에게 돈을 써야 할 명분, 즉 가치를 만들어주면 사람들은 주머니를 연다. 잡스의 말처럼 사람들은 자신들이 뭘 원하는지 잘 모른다. 어떤 제품과 서비스를 보여줘야 하는가는 철저하게 제품과 서비스를 파는 사람들의 몫이다. 그런 의미에서 사업자들은 자기 스스로 가치를 만드는 사람Value Maker이다. 돈의 가장 중요한 기능은 '가치'이기 때문이다. 사업하는 사람들은 결국 이윤을 창출해야 하기 때문에 돈을 번다는 건 결국 '가치'를 만드는 일이다. 대구 막창, 오징어 게임 벤토, 짜파구리 등으로 '경험'이라는 새로운 가치를 창출한 결과, 코로나 팬데믹 이후 연 15억 원의 매출을 이끌어낼 수 있었다.

"너 신고할 거야!"

△

사장이 되겠다고 결심한 순간부터 우리는 훈련이 잘되었든 아니든, 무장이 잘되었든 아니든 수많은 총탄이 날아오는 전쟁터 한가운데 서게 된다. 적군과 피가 터지도록 싸워야 하고 때로는 아군으로부터 뒤통수를 맞거나 배신을 당하는 일도 생긴다. 이것이 두렵다면 애초에 사업을 하지 않는 것이 자신과 가족을 위해 더 좋을 수 있다. 상처와 고통 없이 자신의 목적을 이루거나 사업의 성공을 이루고 돈을 번 사람이 우리 주변에 얼마나 있는지 돌아보면 이해가 쉽다. 매일매일이 전쟁이다. 때로는 사업을 지키기 위해 온몸을 던져 싸워야 하는 것이 우리네 사장의 일상이다. 잠깐 출근해서 얼굴만 보이고 다닌다고 직원들은 욕하겠지만, 실상 사장의 머릿속에는 온통 일 생각뿐이니 24시간 일하는 셈이다.

한국은 물론이고 영국에서도 사업을 하다 보면 통제 가능한 Controllable Variables 문제만 있는 것이 아니다. 사실 사장의 진짜 실력은 통제 불가능한Uncontrollable Variables 문제에서 검증된다. 전자는 조금 열심히 하면, 그리고 공부하고 노력하면 되지만, 후자는 마음에 상처가 나고 배신도 당한다. 끝까지 참아내야 하는 인내가 필요하고 내면에서 오랫동안 만들어진 내공이 필요한 영역이다.

서비스와 관련하여 손님들이 기분 좋게 잘 먹고 집으로 돌아가서는 인터넷 평가에 별 하나를 주며 악플을 달기도 한다. 배달로 음식을 시킨 손님이 받아보니 음식이 용기 밖으로 다 흘렀다고 변상을 해달라고 한다. 그뿐인가? 직원들은 지각과 결근을 밥 먹듯이 한다. 나름대로 이런 문제를 예방하겠다는 생각에 주방 직원들의 한 주치 주급을 보증금으로 받아두기도 하지만, 갑자기 내일부터 못 나오겠다고 문자 달랑 하나 보내는 경우도 비일비재하다. 나이가 많은 직원들은 아픈 곳도 많아 진통제를 늘 달고 산다. 이 정도는 어느 정도 통제가 가능하다. 조리 과정을 점검하고 직원들을 교육시키면 된다. 그리고 직원들의 복지나 근무 환경을 개선하면 되는 것이다. 사실 월급만 올려줘도 여기 있는 문제 대부분이 해결 가능하기도 하다. 급여를 올려줬더니 그다음 날부터 언제 그랬느냐는 듯이 표정이 밝아지고 아프다고 하지도 않는다. 그리고 음식의 품질도 좋아진다. 그래서 이것은 어느 정도의 노력과 범위 안에서 얼마든지 통제하고 개선할 수 있다.

그런데 문제는 통제 불가능한 상황들이다. 한창 영업 중인데 매장에 전기가 나갔다. 업장의 전기가 나가면 모든 것이 정지된다. 급하게 두꺼비집을 열어 내려간 전원 스위치를 올리고 5분이 지나자 다시 '펑' 소리를 내며 전기가 나갔다. 합선된 것인데 원인을 찾아보니 전선이 있는 곳에 물이 샜다. 빨리 사람을 불러 확인하니 바로 위층 주택에서 물이 새고 있었다. 임시로 외부에서 전원을 끌어와 매장의 전기를 공급했다. 바로 건물주(영국 부동산 투자 회사)에게 이야기했지만 6개월이 지났는데도 아직 해결되지 않고 있다. 아직 매장 구석구석에 보기 불편한 전선들이 널브러져 있다. 영국의 느린 행정 때문이다. 참고 기다릴 수밖에 없다. 고차원의 인내가 필요하다.

얼마 전에는 옆 가게에서 영국인 학생 둘이서 칼부림을 해 이를 조사한다고 도로를 통제하며 영업을 못 하게 했다. 이웃에 사는 영국 중년 여성은 이유 없이 가게 앞을 지나며 장사를 방해한다. 정신 질환이 있는 것으로 보여서 아무 조치를 할 수 없다. 하루는 이 여성이 가게 옥외 테이블에서 식사하는 커플을 밀치며 실랑이를 벌였다. 의자를 던지며 자기 다니는 길이 우리 매장 때문에 방해가 된다고 고성을 지른다. 화가 나고 마음에 상처가 생기지만 이것도 참아내야 했다. 또 한번은 배달 음식 주문이 들어왔는데 그날따라 주방이 바빠 음식 준비가 늦었다. 음식을 픽업하러 온 배달원이 여자 직원에게 협박조로 음식을 빨리 준비하라고 했다. 자신의 시계 타이

예측하지 못한 옆 건물의 공사로 영업에 방해를 받기도 한다.

머를 누르며 1분의 시간을 주겠다는 것이다. 이런 사람들과 싸우는 일이 다반사다.

런던 지하철 파업도 마찬가지다. 일 년에 수차례씩 고정적으로 파업을 한다. 지하철 직원들의 급여 인상과 복지 향상을 위한 것이다. 짧게는 2~3일, 길게는 일주일씩 이어지는 파업으로 인해 런던 시내에 교통대란이 일어난다. 사무실이 많은 지역에서 사업을 하다 보니 영향을 크게 받는다. 직장인들의 발인 지하철 운행이 중단되어 재택근무로 그날 업무를 전환하면 그 피해를 고스란히 받는다. 당연히 그날 매출이 확연히 줄어든다. 최근에 우리 모두가 겪은 코로나19도 마찬가지다. 영국 정부가 국가 봉쇄령을 내린 첫 4개월에 더해 2개월에 걸친 2차 봉쇄령까지 총 6개월 가까이 실내 영업이 전면 금지되었다. 이때 도산한 기업과 자영업자가 한두 곳이 아니다. 이것이 사장이 매일매일 겪는 일상이다.

런던에서 오랫동안 이민 생활과 사업을 하면서 발생하는 많은 문제를 충분히 겪어 그나마 내공이 많이 생겼다. 이렇게 통제 불가능한 문제가 발생하면 그때그때 상황에 맞게 대처해왔다. 웬만큼 마음에 상처를 주는 말과 행동들에 대해 태연하게 대응한다. 절대 직원들에게 똑같이 반응하지 말라고 교육시킨다. 어차피 평생 볼 사람도 아니지 않은가? 기차 파업 혹은 겨울 폭설이 내리는 상황이 생기면 매장 방문 고객보다 배달 고객이 많을 것을 대비해 배달 음식 위주로 식재료를 더 준비한다. 기차 파업이 있을 때는 당일 예약을 일일이 확인하고 손님에게 직접 연락해 예약 최종 확인을 받아 노쇼No Show 고객을 방지한다. 그리고 무엇보다 나 스스로 이런 상황에서 발생하는 단기 매출 저하로 동요하지 않는다. 어떻게 보면 이것이 그동안 쌓아온 나의 가장 값진 자산이기도 하다.

그렇다 보니 문제를 대하는 태도에 변화가 왔다. 대나무처럼 곧은 자세로 대응하다가는 결국 부러진다. 주변에 많은 사업가가 이것을 모르고 부러지는 것을 많이 목격했다. 갈대 같은 유연함이 필요하다. 바람이 불면 잠시 누워 있다가 바람이 그치면 다시 일어나

고객들과 함께

면 된다. 통제 불가능한 상황이 발생했을 때 어떻게든 내 힘으로 해결해보겠다고 덤비면 상황이 더 어려워진다. 우선은 그 상황에 적극적으로 대응하되, 잠시 그 상황에서 빠져나오는 것이 좋다. 그 상황 자체에 휘말리면 이성을 잃고 문제 자체에 매몰되기 십상이다. 자기 자신에게 시간을 주는 게 바람직하다. 잠시 시간을 가지면 다른 좋은 대안이 생기기도 하고 때론 문제가 스스로 사라져버리기도 한다.

나는 사업가를 문제 해결자Problem Solver라고 정의한다. 결국 사업은 위기를 어떻게 대하느냐에 따라 성패가 좌우된다. 기업에서는 이것을 위기 관리Risk Management라고 한다. 이젠 기업뿐만 아니라 한국가와 심지어는 한 개인에게까지 위기 관리가 요구되는 시대이다. 작은 사업장이라고 위기 관리 프로세스가 필요 없는 것은 아니다.

얼마 전 영국 중년 남성 두 명이 매장에 왔다. 기분 좋게 식사를 하고 그날따라 서비스가 만족스러웠는지 계산을 하면서 팁Tip을 주겠다고 이야기하였다. 그런데 계산서에 서비스 차지Service Charge 12.5%가 부과된 걸 보고 팁이 포함되어 있으니 오늘 자신들의 테이블을 서빙한 직원에게 이 돈을 주라고 명령조로 이야기했다. 서비스 차지는 팁이 아니라고 말하자 이들은 갑자기 고함을 지르며 소란을 피우고, "내가 기자인데, 내일 출근하면 너 신고할 거야!"라며 협박까지 했다. 서비스 차지와 팁을 명확하게 구분하지 못하는 손님들이 자신들이 직원들에게 주는 팁을 사장이 착취한다고 오해한 것이다.

다행히 서비스 차지에 대한 매뉴얼을 만들어두었다. 이전에 이런 문제로 손님과 시비가 있었기 때문이다. 서비스 차지는 전 세계 몇 개 국가에서 고객이 호텔이나 레스토랑 서비스를 이용할 때 내는 세금과 봉사료가 합쳐진 항목이다. 대략 10% 내외이고 런던 중심지에서는 보통 12.5%, 많게는 15%까지 부과하는 곳도 있다. 물론 서비스 차지가 영국의 문화이긴 하지만 의무 사항은 아니다. 영국 국세청 자료에 서비스 차지는 선택 사항Optionary이라고 명시되어 있다. 우리 매장에서는 서비스 차지를 손님이 식사하는 데 필요한 제반적인 회사의 서비스 비용이라고 메뉴얼화해두었다. 그리고 법적으로도 서비스 차지를 회사가 가져갈 수 있다는 항목이 있음을 기록해두었다. 손님들이 매장에 들어와 밥만 먹고 나가는 것에 무슨 비용이 필요할까 의문이 들겠지만, 직원들의 봉사만이 서비스는 아니다. 손님이 기분 좋게 식사를 하고 매장을 나갈 때까지 손님이 경험하게 되는 각각의 항목에 서비스 비용이 발생한다. 매장을 더 깨끗하게 유지 보수하기 위해 들어가는 비용이나, 화장실이나 그릇이나 매장 냉난방과 조명 등 이 모든 것을 서비스 차지로부터 충당한다. 그리고 그에 따라 발생하는 여러 가지 세금도 여기서 충당하는 편이다. 반대로 영국에서 팁 문화는 아직 정착되지 않았다. 팁은 말 그대로 직원들의 친절이나 배려로 직원들의 서비스에 손님이 만족해 지불하는 금액이다. 팁은 100% 직원들의 몫이다.

소란을 피우는 손님들에게 여러 번 설명해보았지만 자신들의 생각이 옳다고 고집을 피우길래 우리의 자료를 보여주었다. "내일 자료를 찾아보시고 저희가 잘못했으면 식사비를 전액 환불해드릴 테니 다시 정부의 자료를 확인하고 찾아오세요"라고 정중히 이야기하고 사태를 마무리 지었다.

영국에서 별의별 일을 다 겪으며 살아왔다. 그때마다 화가 나기도 하고 억울하기도 했다. 그런데 신기하게도 모든 경우의 문제를 다 겪어보고 나니 어느 순간부터 마음에 여유가 생기기 시작했다. 경험이 쌓인 덕이다. A부터 Z까지 모든 종류의 문제를 경험하면 나름대로 지식과 경험이 융합되는 신기한 체험을 하게 된다. 아무리

가게 업무용 차량 유리를 파손하고 그 안의 물건을 훔쳐가는 범죄도 다반사로 일어난다.

공부를 잘하고 좋은 대학을 나온 사람도 입대해 신병으로 자대에 배치받아 내무반에 들어서는 순간 어린아이가 된다. 그리고 제아무리 똑똑해도 말년 병상의 지혜를 따라살 수는 없다. 같은 이치로 사업을 하면서 발생하는 산전수전을 겪어보고 경험과 지식의 임계치에 다다를 때 비로소 관록이 생기고 지혜라는 것이 생긴다. 그제야 말년 병장의 여유를 가질 수 있다.

사업을 하다가, 아니면 일상생활에서 마주치는 문제의 강도를 1에서 10 사이 척도로 측정할 때 문제의 강도가 5인데 내가 3의 수준에 있으면 내가 그 문제에 끌려가게 된다. 그러니 내가 적어도 7~8의 강도는 되어야 강도 5의 문제를 컨트롤할 수 있다. 문제 위에 있어야지 그 문제에 압도되지 않는다. 나는 그제야 통제 불가능한 문제를 물리적으로는 통제할 수 없지만 감정적으로는 통제할 수 있게 되었다.

흔히들 위기는 위험과 기회의 합성어라고 이야기한다. 사업에서 마주하는 모든 상황 자체가 다양하고 또 다이나믹하다. 이 상황을 바라보는 태도에 따라 문제에 짓눌리기도 하고 문제를 좌지우지할 수도 있다.

지난여름에 제주도로 가족 여행을 갔다. 평소 낚시에 관심이 많아 혹시 제주도에서 잡히는 고기들이 무엇인지 알아봤다. 흥미로운 사실을 발견했다. 사람들은 보통 낚시하기에 좋은 날이 맑고 온화한 날이라고 생각한다. 그런데 전문 낚시꾼의 이야기를 들어보니 날씨가 너무 좋으면 고기가 잘 잡히지 않는다고 한다. 저기압일 때, 바람도 많이 불고 날씨가 좋지 않은 날에 오히려 고기가 잘 잡힌다고 한다. 돔은 그나마 물결이 잔잔하고 맑은 날에 잘 잡히지만, 고가의 다랑어는 물결이 일고 구름이 잔뜩 낀 날에 잘 잡힌다고 한다. 그 이유는 물고기들이 거친 날씨에 먹이를 잘 먹기 때문이다.

이 이야기는 나의 고정관념을 완전히 깬 계기가 되었다. 날씨가 좋으면 좋은 대로 그에 맞춰 사업을 하면 되고, 날씨가 흐리고 태풍이 불면 또 그에 맞게 대응하며 사업을 하면 된다. 불경기, 호경기는 결국 우리의 자세에 따라 결정된다. 순풍이 불어도 배의 방향이 정해져 있지 않으면 소용이 없고 태풍이 불어도 방향만 잘 잡혀 있다면 그 어느 때보다 더 빨리 앞으로 나갈 수 있다. 태풍을 내 편으로 만드는 힘은 결국 수많은 위기를 감당하며 내면에 축적되어 생긴다. 그러니 사장이 된 순간부터 문제와 위기를 당연한 것으로 바라보길 당부한다. 결국 모든 것은 우리의 자세와 생각이 결정한다.

Not the speed but direction.

(속도가 아니라 방향이다.)

부가가치를 만드는 일에 집중한다

△
　외근 중에 가게로부터 다급한 전화를 받았다.

"사장님, 큰일 났어요!"

"응, 무슨 일인데?"

"손님 전용 화장실이 막혀서 안 내려가요."

　곧 영업을 시작할 시각인데 손님 전용 화장실이 막혔다니 앞이 캄캄해졌다. 가게가 있는 상가 건물은 꽤 오래되었다. 1층 레스토랑 매장도 많이 노후해 매달 크고 작은 문제가 발생한다. 그때마다 수리공을 부르거나 전문 업체에 의뢰했다. 가끔은 비용을 아끼겠다고 내가 직접 부품을 사다 고쳤다. 그런데 잘 모르는 부분을 내가 고치려고 시도하면 시간만 낭비하기 일쑤다. 화장실 수리도 내 영역 밖이다. 우선 급한 대로 마트에 가서 변기에 부으면 이물질을 녹아내리게 하는 강력한 화학제를 사다 뿌려두고 지켜보았다. 이날 손님들은 직원 전용 화장실로 안내되었다.

하지만 이틀이 지나도록 막힌 화장실이 뚫릴 기미가 보이지 않았다. 그렇게 일주일이 지나니 스트레스가 이만저만이 아니었다. 그동안 워낙 많은 일을 겪어 웬만큼 큰 문제가 아니면 당황하지 않음에도 은근히 걱정되었다. 엎친 데 덮친 격으로 정화조까지 역류하여 맨홀 뚜껑에서 물이 새어 나오기 시작했다. 할 수 없이 막힌 변기를 뚫어주는 전문 업체를 급하게 불렀다.

화물차 뒤편에 실려 있는 콤프레셔를 작동시켜 긴 호스를 화장실이 있는 지하까지 내렸다. 세차장에서 사용하는 초강력 워터건을 연결하더니 정화조 뚜껑을 열고 긴 작대기로 바닥 여기저기 막힌 하수구 구멍을 찾기 시작했다. 땀을 뻘뻘 흘리며 한참을 헤매다가 구멍을 찾았는지 바닥 깊숙이 워터건을 집어넣고 쏘기 시작했다. 그렇게 15분이 지나니 변기가 뚫리는 소리가 나며 막혔던 정화조가 내려갔다. 정화조를 확인하니 확실히 밑바닥이 보였다. 30분가량의 작업 후에 나에게 청구된 계산서는 300파운드(당시 약 50만 원). 울며 겨자 먹기로 300파운드를 지불했다. 평소 같으면 가격 흥정을 했겠지만, 일주일 동안 스트레스받은 것을 생각하며 군소리 없이 돈을 건네주었다. 한시름 놓았다고 생각하고 하루를 마무리했다.

그런데 다음 날 출근해 점심 영업을 마치고 나니 다시 변기가 막혔다. 어제 다녀간 업체에 연락해 상황을 설명했다. 건물이 오래되

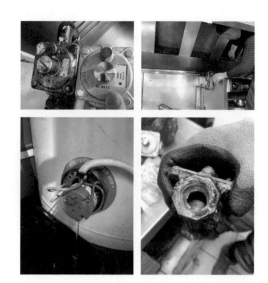

영국의 수리비는
매우 비싸다.

어 화장실 배관에 문제가 생긴 것이니 특수 카메라를 배관 안으로
집어넣어서 점검하고 이상이 있는 부분을 확인해야 한다고 했다. 그
러면서 제시한 견적은 2,000파운드(당시 약 320만 원)였다. 이건 아니
다 싶어, 며칠간 수소문한 끝에 다른 곳을 찾아 연락했다. 영업 중
에는 작업이 안 되니 저녁 영업을 마치는 밤 11시쯤으로 예약했다.

　손님들이 모두 나간 후 얼마 지나지 않아 덩치가 내 두 배는 되어
보이는 폴란드 출신 배관공이 큰 트럭을 가지고 왔다. 자기들이 개
발한 특수 화학품을 사용하는 데 추가 비용이 든다고 설명하며 작
업을 시작했다. 차에서 고압 워터건을 지하로 끌어내려 지난번과 비
슷하게 작업을 한다. 30분이 지나고 한 시간 가까이 작업이 계속되
니 이 사람의 온몸이 땀으로 젖었다. 그렇게 한 시간가량 작업하니

막혔던 정화조가 결국 다시 내려갔다. 둘이서 한참 동안 정화조를 지켜보았다. 건물이 오래되어 배관에 문제가 생겼으니 혹시 다시 막히면 연락을 달라고 한다. 요즘 기술이 좋아져 배관 공사를 다시 하지 않고서도 에폭시Epoxy를 배관 안으로 집어넣고 특수 물질로 에폭시를 부풀려 배관을 다시 정리하는 새로운 방법이 있다고 설명했다. 이때 비용은 3,000파운드(당시 약 500만 원)라고 견적을 주었다. 이번에는 다행히 400파운드(당시 약 65만 원)로 출장비와 수리비를 치렀다. 이후 화장실이 이상 없이 잘 작동해 배관 작업은 하지 않아도 되었다.

런던 내 건물 대부분은 많이 노후했다. 그래서 이곳에서 사업하면서 겪어야 하는 고충이 한둘이 아니다. 좋은 아이템 하나 있다고 겁 없이 덤벼들었다가는 큰코다친다. 한국과 비교해서 작업자들의 근무 환경이 크게 다르며 사람 손이 들어가는 작업은 뭐든지 다 비싸다. 한국에서 사업하는 것처럼 생각하고 영국에 와서 같은 방식으로 접근한다면 마주하게 되는 건 '속병 앓아 갑자기 10년 늙어 보이는 거울 속의 자기 자신'밖에 없다.

영국 사람을 고용해 공사나 기타 수리 작업을 의뢰하면 한 번 방문하는 데 출장Call Out 비용으로 최소 150파운드(약 25만 원)를 받는다. 그냥 한 번 왔다가 이런 문제점이 있다고 점검하고 다음 약속을 잡는 것으로 방문이 끝난다. 한국처럼 '당장 와서 고쳐주겠지'라고 생각하면 큰 오산이다.

어떤 작업이냐에 따라서 차이가 있겠지만 최근 1년 사이에 지출한 관리 비용만 해도 어마어마하다. 보일러가 터져 수리비로 700파운드, 에어컨 고장으로 교체비 3,000파운드, 음료수 냉장고 고장으로 교체비 500파운드, 직원 전용 세탁기 고장으로 교체비 300파운드, 수도관이 새서 또 수리비로 300파운드를 치렀다. 문제가 없는 달이 없었다. 이것이 런던에서 사업하는 사람들의 지극히 평범한 일상이다. 그러니 큰마음(?) 먹어야 한다. 특별히 공사할 일이 있으면 예상보다 딱 두 배가 더 들어간다고 짐작하면 정확하게 맞다. 예비비도 항상 넉넉하게 잡아야 한다.

늘 바쁘게 일하며 돈을 많이 번 것 같은데 분기 말이 되면 통장에 남은 잔고가 별로 없다. 장사하는 사람들의 제일 흔한 거짓말이 "밑지고 장사한다"는 것인데 자칫하면 밑지고 장사하게 된다. 그중에서 제일 큰 부분이 세금이다. 분기에 한 번씩 부가가치세VAT, Value Added Tax를 영국 국세청HRMC에 납부한다. 자그마치 수입의 20%이다. 연간 수입을 대충 계산하면 1년에 납부하는 부가세가 만만치 않다. 그뿐만이 아니다. 연말에 기업세Corporation tax가 수입Profit에서 19% 가까이 부과된다. 매달 나가는 직원들 세금도 10명 기준으로 대략 매달 200만~300만 원 정도다. 공과금, 인터넷, E-POS, 카드 단말기, 구청에 납부하는 비즈니스 운영세Business Rate까지 합치면 금액이 어마어마하다. 이런 작은 매장 하나 운영하는 데도 예상치 못한 운영비가 매달 발생한다. 그렇다 보니 영업이익률이 20% 수준이다. 프랜차이즈 레스토랑의 수익률이 10% 이하로 평균 7~8%인 것에 비하면 그나마 높은 편이다.

원가를 계산하는 방법은 인터넷이나 사업 관련 서적에서 쉽게 찾을 수 있다. 전체 매출의 20%를 차지하는 음료는 다르게 계산하는데, 음식만 놓고 봤을 때 대략 원가의 6~7배를 판매가로 책정한다. 이 정도로 책정해야 수익률이 20% 가까이 나온다. 사실 런던의 레스토랑 대부분은 비슷비슷한 식자재를 이용한다. 원가는 고정되어 있다고 보면 된다. 사업자가 바꿀 수 없는 영역이다.

그렇다면 수익률은 가변성이 있는 운영비와 매출, 즉 판매량이나 판매가에 의해 결정된다. 효율적인 운영을 하거나, 가격을 높이거나 혹은 싸게 많이 파는 선택지 앞에 놓이게 된다. 사실 이 정도는 웬만큼 장사해본 사람이라면 다 아는 사실이다. 그래서 내부분의 사업자가 운영비를 줄이기 위해 직접 DIY로 수리하거나, 심지어는 간단한 공사를 하기도 한다. 가끔 레스토랑을 하시는 분들을 만나보면 자신이 직접 공사해 비용을 아낀 이야기를 무용담처럼 하곤 한다. 나도 몇 번 따라 해보았지만 공사에는 영 재주가 없었다. 그래서 비용 절감은 평균 정도만 하고, 어려운 작업들은 웬만하면 사람을 부르거나 외주를 준다.

그 대신 내가 잘할 수 있는 부가가치를 만들어내는 일에 집중한다. 이를 레버리지Leverage라고 한다. 레버리지는 '지렛대'라는 뜻으로 자신이 가진 힘보다 더 큰 힘이 필요한 물건을 들어 올릴 때 사

자신이 잘하고 부가가치가 높은 일에 집중하는 게 효율적이다.

용하는 것이다. 『한국경제용어사전』에 의하면, 레버리지는 모자란 돈을 빌려서 투자해 수익을 극대화시키는 투자 방법을 일컫는데 차입금 등 타인자본을 지렛대 삼아 자기자본 이익률을 높이는 것을 뜻한다. 영국의 사업가로 『레버리지』라는 책을 통해 한국인에게 잘 알려진 롭 무어Rob Moore가 사용해 유명해진 용어이다. 경제 용어이긴 하지만 일반적으로 자신의 힘이 아닌 도구를 이용해 자신이 가진 힘 이상의 효과를 누리는 것을 의미한다. 이때 빠지지 않고 등장하는 개념이 바로 비용을 지불해서라도 자신의 능력보다 더 뛰어난 외부의 자원을 이용하는 '위임'이다. 내가 2시간 걸려 직접 고칠 수 있는 것을 사람을 불러 30분 만에 5만 원을 지출하여 문제를 해결했다면 5만 원을 잃은 것이 아니라 2시간을 아낀 것이다. 그 아낀 시간, 2시간 동안 50만 원을 벌었다면 지출한 5만 원은 충분히 가치가 있다.

한국어를 잘하는 프랑스인 직원

사실 직원들과 아르바이트생을 지켜보면 그들이 일하는 방식이 사장의 눈에는 성에 차지 않는다. 뭔가 어설프고 모든 것이 부족해 보인다. 그렇다고 서빙, 청소, 가게 정비, 음식도 다 직접 하면 어떨까? 비용은 줄일 수 있겠지만 결국 나는 평생 매장 하나 지키다 인생을 끝마쳐야 할 것이다. 그래서 물가 비싼 런던에서도 과감하게 비용을 들이면서 내가 위임할 수 있는 모든 일을 나보다 더 잘하는 사람에게 맡기기 시작했다. 그 대신 그 시간에 내가 남들보다 좀 더 잘하고 나만 할 수 있는 더 가치 있는(생산적인) 일에 집중하기로 결심했다. 내가 하기 귀찮아 남에게 시켜놓고 나는 할 일 없이 빈둥빈둥 노는 것을 레버리지라고 하지는 않는다. 레버리지의 핵심 요소는 결국 '시간'의 효용성이다. 한정된 시간을 어디에 투자해 극대화된

184

결과치를 얻어내는가 하는 것이다.

사장은 '시간'을 관리하는 사람이다. 돈을 버는 문제를 제기하고 레버리지 개념으로 넘어오게 된 것은 결국 시간에 대한 개념을 설명하기 위함이다. 얼마 전 더 많은 효율을 꾀하고 싶어 A4용지 한 장을 꺼내놓고 남들이 할 수 없는 나만 할 수 있는 가치 있는 일과 위임할 수 있는 일을 적기 시작했다.

나만 할 수 있는 일
- 가족들과 시간 보내기: 남편, 아빠로서 나의 역할
- 아이디어 투어: 사장으로서 다른 레스토랑은 어떻게 운영되며, 어떤 서비스를 하고, 어떤 메뉴를 제공하는지 방문하여 조사하고 내 사업에 적용하는 것도 나만 할 수 있는 일
- 독서 및 강의 듣기: 사업 관련 책을 읽고 동종 업계 성공한 사람들의 강연 듣기
- 세미나 참석: 사업과 관련된 모든 세미나 참석
- 운동: 사장으로서 체력은 필수
- 직원들 커피 타임: 직원들 이야기를 듣고 격려
- 사업 아이디어 연구: 사업으로 성공한 사람들의 유튜브 강의 듣기

위임
- 매장 청소: 직원들에게 위임

- 매장 관리: 매니저에게 위임

- 웹사이트 관리: 외부 업체

- 홍보물 및 포스터 제작: 외부 업체

- 시설물 관리: 외부 업체

- 인스타그램 관리: 매니저에게 위임

- 신규 사업: 컨설팅 업체에 위임하여 브랜딩 작업과 콘셉트 개발

밤새워 수도 배관 고치고 주방 공사했다고 알아주는 손님은 아무도 없다. 그냥 자기만족이다. 차라리 그 시간에 인스타그램에 글과 사진 하나 더 올리고, 손님들 후기에 답글 달고, 다른 레스토랑을 방문해서 더 나은 서비스와 매장의 분위기와 문화를 경험해서 내 매장에 테스트해보고 적용하는 것이 더 많은 매출로 연결된다. 세상에 나보다 더 사업을 잘하는 사람은 얼마든지 많다. 그리고 나보다 더 공사나 수리를 잘하는 사람도 많다. 하지만 나는 고객에게 끊임없이 가치를 제공하는 사업가이지 배관공이 아니다. 업의 본질을 다시 정의한다면 시간과 돈을 어디에 투자해야 할지 결론이 명백해진다.

내가 기술을 배워 아끼면 한 달에 100만 원 절감할 수 있겠지만, 내가 남들보다 더 잘하는 일에 집중하고 투자하면 그 열 배 이상을 벌 수도 있다. 할 수 있다면 모든 것을 위임하려 한다. 그 일은 너도 할 수 있고 나도 할 수 있는 일, 즉 별로 가치가 적은 일이다. 우리

코로나로 어려움을 겪던 중
생일을 맞아 직원들의 축하를 받았다.

의 인생은 결국 너는 할 수 없지만 나만 할 수 있는 일로 결정된다. 팀 페리스Tim Ferris의 책『나는 4시간만 일한다The 4-hour Workweek』에 소개된 것처럼 일주일에 4시간만 일하는 사람으로 살고 싶다. 하루에 4시간도 아니고 어떻게 일주일에 4시간 일하고 먹고살 수 있는지 궁금하겠지만, 삶을 레버리지한다면 가능하다. 그리고 '오직 나만 할 수 있는 일'이 더 많아지면 충분히 가능한 라이프스타일이다.

런던, 모든 것이 기회다

△

시도했던 사업들이 번번이 실패하여 다른 사업 아이템을 찾으며 떠올린 아이디어가 몇 가지 있다. 첫 번째는 차량 블랙박스다. 한국에서는 이미 대중화되어 블랙박스가 장착되지 않은 차량이 거의 없지만, 영국에서는 최신 모델 차량 옵션으로 출고 시 공장에서 장착되어 판매되는 것을 제외하고는 사제 블랙박스를 이용하는 사람이 거의 없다. 아마존Amazon이나 이베이eBay에 대시보드 카메라Dashboard Camera란 제품명으로 판매가 되고 있긴 하지만 전문적으로 판매하는 곳은 아직 많지 않다. 하지만 과거에 비하여 블랙박스의 필요성에 대한 인식과 관심은 조금씩 높아지는 추세다.

영국인들이야 높은 품질의 블랙박스를 이용해본 적이 없어 현재 출시된 중국 제품을 이용하겠지만, 한국 사람들 기준에서는 한국

런던 풍경

제품에 비하면 제품의 내구성과 디자인이 허접한 수준이기에 구매가 머뭇거려지는 것이 사실이다. 2019년 대한민국 외교부 자료에 따르면 영국 내 체류하는 한국인 수의 4만 명 정도로 확인된다. 영국내 많은 교민이 차량을 소유하고 있지만, 교민의 수는 5,000만 명에 달하는 영국 인구의 극소수에 불과하다. 따라서 시장 진입을 위한 수요를 고려해본다면 한국인의 수요는 충분한 수준은 아니다. 하지만 2021년 말 영국 내 등록된 승용차가 3,200만 대인 점을 고려한다면 향후에는 영국 전역 현지인을 대상으로 충분한 시장이 형성될 수 있을 것으로 전망된다.

두 번째는 도어락Door Lock이다. 한국에서 방문한 손님들은 우리 가족이 외출할 때 열쇠 뭉치를 주렁주렁 달고 나가는 모습을 보며 한마디씩 한다. "여긴 도어락 없어?" 여러 번 같은 질문을 듣고 아마존이나 이베이를 검색해보니 중국산 디지털 도어락이 판매되고 있었다. 하지만 설치를 직접 해야 하는 DIY 제품이다. 영국 내 최대 규모 열쇠 전문 기업인 락스미스Locksmith가 디지털 도어락을 판매하고 있기는 하지만 아직 대중화되지 않았다. 열쇠 전문 업체이다 보니 주로 자물쇠 판매와 열쇠를 분실하거나 부득이한 사정으로 강제적으로 문을 열어야 할 때 긴급 출장 서비스를 제공한다. 영국 생활 초기에 열쇠를 한 번 잃어버려 락스미스 긴급 서비스를 이용해 자물쇠값의 10배를 지불했던 기억이 있다. 한국 제품 소량을 한국에서 수입해 런던 한인타운에서 한인들을 대상으로 판매하는 영세업자가 있지만 규모가 크지 않다.

영국인들은 보수적이다. 대체로 변화를 싫어한다. 아이들 친구 중에 영국인 핀리Finley가 있다. 핀리 가족은 매년 여름 스페인으로 휴가를 간다. 똑같은 나라와 도시, 똑같은 숙소에서 매년 휴가를 보낸다. 전형적인 영국 가족의 휴가 풍습이다. 내 주변의 상당수 영국인이 휴가를 늘 같은 곳에서 보낸다. 그렇다 보니 평생 열쇠 뭉치를 들고 다니는 것을 불편해하지 않는다. 이런 영국인들을 설득해 '열쇠로부터 자유'를 주고 싶지만 그들이 자유를 얻기까지는 꽤 많은 시간이 걸릴 듯하다.

이 밖에도 한국에서 영국으로 수출하면 성공할 만한 제품과 서비스 그리고 아이디어가 한둘이 아니다. 한국의 전기밥솥, 안마의자, 호미, 젓가락, 장독대, 홍삼, 김 등 그 수가 셀 수 없다. 한국의 유명한 전기밥솥 C는 한국의 본사가 직접 진출한 상황은 아니지만 아시아 전문 유통 업체들이 영국으로 들여와 판매 중이다. 아마존에서 한국의 호미가 대박이 난 것은 이미 많이 알려진 사실이다. 중국산 안마의자가 조금씩 유통되고 있는 상황이어서 한국산 안마의자가 들어오면 승산이 있어 보인다. 한국 김은 영국 전역에 있는 코스트코COSTCO에서 팔리는데 영국인의 밥상에 김이 올라가는 모습을 종종 볼 수 있다. 한국 음식 인기가 높아지면서 한국의 '식기

런던의 한류 포스트,
한국인은 무궁무진한 기회를 맞이했다.

류' 또한 인기를 끌고 있다. 특히 한국산 젓가락이 많이 팔린다. 김치는 이미 런던에서 대중적으로 먹는 건강식으로 자리 잡고 있으며 수요가 꾸준히 증가하고 있다. 당연히 장독대는 인테리어 소품으로나 음식 보관용으로도 손색없는 좋은 아이템이 될 수 있다.

레스토랑을 운영하다 보니 주변에서 지인들이 외식 사업에 관한 아이디어를 툭 하며 던질 때가 꽤 많다. 대표적인 사업이 중식 전문점이다. 짜장면과 짬뽕 그리고 탕수육을 파는 식당이 한인타운이 있는 런던 남쪽 뉴몰든에 한 곳 있긴 하지만 기차를 타고 왕복 2시간 이상 걸리는 식당에 가기가 쉽지 않다. 그러던 중에 우연히 지인을 통해 한국의 유명한 외식 사업가인 B씨가 운영하는 회사 T의 해외사업팀 직원과 연락이 닿았다. 이름만 들어도 다 아는 이 회사가 소유한 외식 프랜차이즈 브랜드만 20가지가 넘는다. 그중 하나가 중식 브랜드 H인데 런던으로 진출을 희망하고 있다고 본사 해외사업팀에서 나에게 연락을 해왔다. 나 또한 런던 중심부에 대한민국 대표 서민 음식인 짜장면을 파는 곳이 하나쯤 있어도 좋겠다는 생각이 있었다. 한국의 대표적인 서민 음식인 짜장면과 짬뽕은 차세대 케이푸드K-Food 주자로 손색이 없다. 그러니 하지 않을 이유가 전혀 없다.

이처럼 서민 음식인 짜장면, 호떡, 떡볶이, 토스트 모두 한국에서 우리가 흔하게 접하는 평범한 음식들이다. 하지만 이런 사소한 아이템이 영국에서 당신의 삶을 바꿀 인생의 기회가 될 수도 있다.

옛날 핫도그가 'Korean corn dog'라는 이름으로 영국 10대에게 사랑받고 있다.

최근 런던에서 유행하는 외식 사업의 유행어가 '스트리트 푸드Street Food(길거리 음식)'이다. 쉽게 말해 세계 각국의 길거리 음식을 콘셉트로 중저가의 캐주얼 다이닝Casual Dining을 할 수 있는 레스토랑이 런던에서 대세이다. 한식도 예외가 아니다. 단연코 한국의 길거리 음식인 핫도그, 떡볶이, 김밥 등이 꾸준히 인기를 얻고 있다. 우리가 어릴 때 학교 앞에서 흔히 먹던 음식이 유럽 한가운데서 유행할지 누가 알았겠는가? 런던 중심부에서 한국 핫도그를 판매하는 B레스토랑 앞에 가면 핫도그를 먹으려 길게 줄을 선 영국 10대들의 모습을 볼 수 있다. 아주 오래전 중고등학교 때 방과 후 학교 앞 노점에서 판매하던 핫도그를 사려고 줄을 섰던 우리의 모습과 다른 바 없다.

어릴 적 친구 A는 아버지가 대구에서 운영하던 전동식 사출성형기 제조업을 물려받았다. 그는 1997년 IMF로 오랫동안 힘든 시기를 보냈다. 하지만 경기가 회복되며 다시 재기해 유럽의 박람회를 모두 방문하여 전 세계로 사출성형기를 판매하고 있다. 이 친구처럼 좋은 제품을 만들 수 있으면 좋겠지만, 제품을 만들지 못해도 보는 눈이 있다면 얼마든지 팸플릿을 들고 전 세계 무역박람회를 돌아다니며 우수한 메이드 인 코리아 제품을 팔 수 있다.

영국 내에서도 수많은 무역과 비즈니스 박람회가 열린다. 예전 의류 사업을 하면서 런던의 최대 의류 박람회에 참석했을 때 정부의 보조를 받아 참석했던 한국분을 몇 명 만났다. 그들은 자신이 직접 디자인한 옷을 들고 영국에 바이어를 찾으러 왔었다. 같은 한국 사람을 만난 기쁨에 반갑게 인사를 나누었다. 많은 양은 아니지만, 소량의 주문을 받았다고 했다. 프랑스와 독일 의류 박람회를 참가했을 때도 한국 패션 디자이너를 많이 만났다. 잘 다니던 회사를 퇴사하고 자신의 패션 브랜드를 만들어 도전하는 중년의 남자도 만났다. 주문량과 금액은 민감한 부분이니 깊이 있게 물어보지 못했지만, 외국인 바이어들과 상담하며 열심히 자신의 옷에 대해 설명하는 모습을 보며 도전정신을 엿볼 수 있었다.

영국 내에서 누군가는 애타게 당신을 찾고 있을지도 모른다. 좋은 아이디어든, 좋은 제품이든, 혹은 좋은 아이디어와 제품을 연결해줄 수 있는 인맥이든 모두 좋다. 누군가와의 연결고리를 만들어

내는 것은 결국 우리의 몫이다. 그러니 가만히 있지 말고 영국에서 열리는 비즈니스 박람회를 찾아다니거나, 세계 각국에 진출해 있는 대한무역투자진흥공사KOTRA에 도움을 요청하는 등 지속적인 노력을 기울이면 어느 순간 예상치 못한 기회가 찾아올 수 있다.

기업 형태의 진출이 용이하긴 하지만 개인도 불가능한 것은 아니다. 한국은 이미 시장이 포화 상태이다. 경쟁도 그만큼 심해졌다. 하지만 가끔 한국을 방문하면 나의 눈에는 모든 것이 영국 시장에서 성공할 만한 사업 아이템으로 보인다. 멀리 갈 것 없이 동네 앞 전통시장만 가도 영국에 가져와서 팔 만한 것들이 한둘이 아니다. 중소기업 박람회는 그냥 노다지다. 세계 어딜 가도 대한민국 중소기업에서 생산하는 것만큼 질 좋은 제품을 만나보기가 쉽지 않다.

하지만 개인으로 영국으로 진출하기 위해서는 여러 가지 제약이 있긴 하다. 첫 번째 허들Hurdle은 비자이다. 우선 영국에 합법적인 체류가 가능해야 한다. 그런데 이 문제는 쉽게 해결할 수 있다. 온라인을 통해서다. 많은 한인이 영국 아마존을 이용해 사업하고 있다. 최근에는 한국산 화장품의 수요가 증가하며 한국제 화장품 판매가 덩달아 증가하는 추세이다. 영국 내에 한국에 있는 온라인 사업자들을 위해 에이전시 역할을 하는 현지 한국인 사업자들도 있다. 한국에서도 에이전시에게 일정 금액의 수수료만 지불하면 얼마든지 영국 사람을 대상으로 사업을 할 수 있다.

교육 사업도 큰 기회가 엿보이는 영역이다. 한국어 학습을 희

세계 시장에서 한국 제품의 인기가 치솟았다.

망하는 영국인들을 대상으로 얼마든지 SNS를 통해 홍보하고 줌 ZOOM으로 수업을 할 수 있다. 혹은 그 반대도 가능하다. 한국에서 영어를 배우고 싶어 하는 사람들을 대상으로 영국인 선생님과 연결하는 것도 좋은 사업 아이템이다. 실제 영국계 홍콩 남자와 결혼한 지인이 후자의 사업 방식을 택해 쏠쏠한 용돈 벌이를 하고 있다.

영국 현지에서 직접 사업을 하고 싶으나 체류 방법을 고민하는 사람들에게도 다양한 기회가 있다. 대표적인 방법은 투자 이민 비자이다. 하지만 준비해야 할 금액이 상당하다. 아직 20대라면 영국 워킹홀리데이가 가장 현실적인 방법이다. 혹은 1년 과정의 영국 석사과정(혹은 3년간 학사나 박사과정도 동일)을 마치면 경력을 쌓을 수 있는 졸업생 비자Graduate Visa를 받아 2년간 합법적으로 취업과 사업을 할 수 있다. 비자 파워가 강한 한국 전자 여권으로는 영국 국경을 비자 심사 없이 자유자재로 통과할 수 있어 언제든지 영국을 드나들 수 있다. 이것도 저것도 아니면 무작정 영국에 여행을 와서 짧게라도 현장에서 부딪치며 사업에 대한 영감을 얻어 다음을 준비하는 것도 좋은 방법이다.

한국에서 우리가 흔하게 접하는 평범한 것들이 어디에선가는 당신의 삶을 바꿀 인생의 기회가 될지도 모른다. 미국, 일본 다음으로 많은 국가를 비자가 없어도 여권만 있으면 여행할 수 있는 코리안인데 뭐가 두려운가? 모든 것은 우리의 생각에 달려 있다.

글로벌 한식 브랜드에 도전하다

△

청년들의 고민을 들어보면 빠지지 않고 등장하는 주제가 '좋아하는 일을 할 것인가, 잘하는 일을 할 것인가?'이다. 하고 싶은 일과 자신이 해야만 하는 일 사이의 갈등은 비단 청년들만의 고민은 아니다. 기성세대들도 이 주제에 대해 평생 고민한다. 부모님도 장사에 재주가 있는 나를 보시고 입버릇처럼 '세계적인 사업'을 할 사람이라고 하셨다. 노점을 돌며 장사해서 푼돈이라도 벌어오는 아들 녀석이 대견했던지 집안에 큰 인물이라도 난 것처럼 말씀하셨다. 나 자신도 물건을 파는 일만큼은 남들보다 좀 더 잘할 수 있다고 여겼다. 하지만 유치원 다니는 자녀가 더하기나 뺄셈을 조금 할 줄 안다고 "집안에 세계적인 수학 신동이 났다"라고 말할 수는 없다. 장사 몇 번의 경험만으로는 젊은 나이에 번듯한 사업을 일구는 것이 쉽지도 않을뿐더러, 어떻게 해야 성공할 수 있는지 알지 못했다. 그렇다 보니 나 자신이 '잘하는 일'에 대한 확신이 없었다.

그렇다 보니 20대 중반을 넘어가며 '하고 싶은 일'의 유혹이 절정에 달했다. 학교에서 선발하는 '해외 교환학생 프로그램'에 지원했다. 나름대로 그럴싸한 이유로 포장했지만, 마음속 깊은 곳에서는 '하고 싶은 일'에 대한 욕구가 있었던 것이다. 교환학생으로 선발되어 수학하고 석·박사과정으로 진학해 학위를 받고 싶었다. 막연하게 글로벌 무대의 학위가 있어야 다른 사람이 나를 인정해줄 것만 같았다. 그런데 공부도 돈이 있어야 할 수 있다. 그것도 학비와 물가가 비싼 런던에서 유학이니 그 비용만 대충 계산해도 몇억 원은 나오는 어마어마한 금액이다. 그 뒤로 런던에서 석사과정까지 진학해 공부한답시고 어학연수 2년, 학부 3학년 편입 1년, 석사 1년, MBA 1년(개인적인 사정으로 중간에 휴학) 모두 5년간 학업을 하며 부모님은 물론 아내와 장인·장모님까지 여러 사람을 힘들게 했다. 시간이 지나고 보니 이 모든 과정이 내가 잘하는 일, 즉 사업을 위한 탄탄한 이론적 토대가 되어주었다. 그러나 가족의 생계를 책임져야 할 시기에 이런 선택을 하고 돈 한푼 없이 덤벼들었으니 내 주변 사람이 얼마나 힘들었을지 짐작이 갈 것이다.

가장이 되어 공부를 시작하니 공부는 공부대로 제대로 집중하지 못했고, 가족은 가족대로 경제적으로 힘들었다. 잘하는 일과 하고 싶은 일 사이에서 생긴 일시적인 오류가 낳은 참담한 결과였다. 두 마리 토끼를 다 잡지 못하고 놓쳐버렸으니 꽤 오랫동안 마음고생을 했다. 잘하는 일을 하며 하고 싶은 일을 위한 준비를 해야 했다. 어느 정도 경제적으로 자리를 잡아 주변의 도움 없이도 학비를 낼 수준으로 만들어놓고 학업을 준비했었으면 시간과 감정을 낭비하지 않았을뿐더러 학업적으로도 많은 성취를 이루었을 것이다.

뒤늦게 내가 해야 하고 또 잘하는 일로 항로를 수정했다. 잃어버린 5년 이상의 시간을 채우고자 모든 에너지를 '생존'에 쏟아부어야 했다. 우선 경제적으로 살아남아야 했다. '런던에서 생존하기'가 이때부터 시작되었다. 그렇게 7년 정도의 시간이 흘렀다. 이 기간 잠을 5~6시간 이상 자는 것을 '죄'로 여겼다. 단 하루도 그냥 살지 않겠다고 다짐했다. 하루를 4등분으로 나눠서 살았다. 자는 시간 4분의 1, 일하는 시간 4분의 2, 책 읽고 공부하고 배우는 시간 4분의 1로 나눴다. 우선은 하루의 절반 동안 돈을 벌거나 혹은 돈을 아끼기 위해 내 몸으로 할 수 있는 모든 일을 다 했다. 그때는 내 몸 하나가 유일한 자산이었다. 물론 아내도 함께 돈을 벌었다. 둘 다 쉼없이 앞만 보고 달렸다.

직장을 다니는 아내가 아이들 학교 픽업을 하지 못하니 내가 이 일을 맡아야 했다. 오전에 출근했다가 오후 하교 시간이면 왕복 2시간을 들여 아이들을 학교에서 집까지 데려다주고 다시 저녁 장사를 위해 출근했다. 이 일을 매일 반복했다. 아이들 픽업을 위해 사람을 고용하는 데도 돈이 필요하기에 선택의 여지가 없었다.

시간의 밀도를 높이기 위해 자투리 시간도 그냥 흘려보내지 않았다. 사실 찾아보면 열심히 일하는 사람들이 정말 많다. 그래서 우리 인생의 차이를 만들어내는 것은 결국 퇴근 후 소비하는 시간의 질이다. 일하고 자는 시간을 제외한 그 시간이 우리 인생을 결정한다고 해도 과언이 아니다. 그래서 하루의 4분의 1 동안을 소중히 여겼다. 지하철 안에서 이동하는 시간이 아까워 경영 서적을 읽었다. 피곤하여 도저히 글씨가 눈에 들어오지 않으면 오디오북을 틀어놓고 눈을 감고 쉬기도 했다. 눈과 귀를 잠시라도 그냥 두지 않았다. 지하철이 나만의 이동 도서관이었던 셈이다.

주말이라고 쉬는 적도 없었다. 토요일에도 일해야 했고, 유일하게 하루 쉬는 날인 일요일은 종일 교회에서 맡은 일을 수행해야 했는데 그 또한 대충 하지 않았다. 간혹 아내가 "왜 그렇게 몸을 혹사하냐, 그냥 내려놓고 여유 있게 살아"라고 핀잔을 주기도 했지만, 우선 런던에서 살아남겠다고 결심했기 때문에 한 귀로 듣고 한 귀로 흘려버렸다. 그리고 경제적 독립을 이루면 반드시 내가 좋아하는 일을 다시 하겠다고 다짐했다.

살아남겠다고 결단하고 몸을 혹사해서라도 꾸역꾸역 살아내니, 신기하게 살아졌다. 사업과 가족 이외 다른 것에는 관심이 가지 않았다. 그렇다 보니 그 무엇보다도 내가 현재 하는 사업으로 '나'라는 존재를 증명해야 했다. 그때는 왠지 모르겠지만 내가 하는 사업을 곧 '나'라고 여겼다. 그러니 내 사업을 견실하게 잘 키워나가는 것이 곧 내가 잘 성장하고 있는 증거라고 생각했다. 그래서 '어떻게 하면 지금 하는 일을 더 잘할 수 있을까?'를 고민했다. 그러니 생존의 문제를 넘어 사업을 정말 잘 해내고 싶어졌다. 그래서 보고 듣고 읽는 모든 것이 '사업'이나 '경영'에 관한 것이었다. 그러면 책 속에서, 만나는 사람들과의 대화 속에서, 지나가다 우연히 보았던 것에서 아이디어를 얻을 수 있었다. 작은 아이디어, 순간순간의 영감들 이 모든 것을 사업에 적용하고 시도했다. 그 과정에서 하나둘씩 효과를 보았다. 그러면서 예전엔 그렇게 쫓아다니며 붙잡으려고 했던 '돈'이 조금씩 조금씩 나를 따라오기 시작했다. 그러다 보니 나도 모르게 어느새 약간의 경제적 독립을 이룰 수 있었다. 가족이 한 달 한 달 먹고살고도 잉여 자산이 생겼다.

여유 수입이 생기자 그간 영국에서 사업으로 진 몇억 원의 빚을 제일 먼저 갚아나갔다. 그리고 그동안 함께 고생한 아내에게 사업의 50% 지분을 주어야 한다고 생각해 일정한 배당 지급을 했고 한도가 없는 카드도 하나 만들어주었다. 앞으로도 하는 모든 사업 지분의 반은 아내의 몫이다. 하지만 아직 끝까지 온 것은 아니다. 내 몸과 힘으로 돈을 벌어 먹고사는 삶은 한계가 있다. 생존에 만족하면 현실에 안주하게 된다. '먹고사는 것'은 내 삶의 목적이 아니다. 그렇기에 먹고사는 문제에서 해방되어 내가 일하지 않아도 내 삶이 영위되는 구조를 만드는 데 집중하고 있다. 삶이 끝나는 날 내 주변 사람들에게 '저 사람은 평생 돈만 벌다 이 세상을 떠났다'라고 기억

한식의 세계화는 거스를 수 없는 추세

되고 싶지 않다. 돈 버는 것에서 해방되어 더 가치 있는 일을 하고 싶어졌다.

그래서 다시 '완전한 자유'를 위한 결단을 하였다. 내 삶에서 더 많은 선택을 자유롭게 할 수 있는 존재가 되고 싶다. '자유의지'라고도 하는데, 이것은 세상이 만들어놓은 사회적 관습, 경제구조, 정치적 이념을 비롯해서 인간이 사는 동안 겪는 질병, 인간관계의 문제 등 모든 것에서 선택할 수 있는 '자유'를 뜻한다. 내가 쉬고 싶을 때

쉴 수 있는 '자유', 내가 원하지 않는 사람과 함께 일하지 않아도 되는 '자유', 내가 원할 때 어디든 갈 수 있는 '자유'. 그런데 이 모든 자유는 내가 먼저 경제적으로 살아남아야 쟁취할 수 있다. 만약 여전히 회사에 다니며 생계를 이어가야 한다면 몸이 아파도 일해야 하고, 직장 상사의 비위를 맞춰야 하는 등 원하지 않는 일을 해야 할 수도 있다.

완전한 자유를 향하여 나아가며 '정말 내가 하고 싶은 가치 있는 일이 무엇인가?'라고 끊임없이 묻고 답을 찾으려 시도하니 어느새 열다섯 살 군고구마 팔던 그 시절로 다시 돌아갔다. 우연히도 내 인생의 첫 장사 그리고 20번째 하고 있는 현재 사업이 모두 '음식'이다. 그래서인지 음식을 파는 일이 내 운명처럼 다가왔다.

지금은 고인이 되었지만 세계무역센터협회WTCA 총재를 역임했던 미국 이민자 출신 이희돈 박사는 살아생전 한국 만두로 전 세계에 진출해 '만두로 세계를 제패하겠다'는 목표가 있었다. 10년 전에 이 박사의 강의를 우연히 들었다. 처음에는 이 이야기를 비웃었는데 강연 마지막에 헛말이 아니었음을 알게 되었다. 이 박사의 인생 스토리를 듣다 보니 평생 비즈니스에 진심이었고 '만두' 하나로 전세계 시장을 석권하겠다는 자신감이 있었다. 물론 중간에 진로가 바뀌면서 세계무역센터협회에서 더 가치 있는 일을 하다 생을 마감했다. 이 박사의 스토리가 한식 사업을 하는 나에게 많은 영감을 주었다.

그리고 내 주변을 돌아보니 현재 런던 중심지에서 매일매일 팔고 있는 모든 것이 살아 있는 아이디어들이었다. 돌솥비빔밥은 미국은 물론 영국과 유럽에서 한식의 범주를 넘어 하나의 상징이 되었다. 또 '스프링어니언 팬케이크Springonion Pancake'로 불리던 파전은 이제 더는 번거롭게 길게 발음하지 않아도 된다. 웬만한 영국 사람도 지금은 '파전'이라 부른다. 어디 그뿐인가? 유럽의 김치 애호가들은 더 이상 김치를 사 먹지 않는다. 재료를 직접 사다 김치를 담가 먹는 유럽인들이 늘어나고 있다. 그 외에도 양념치킨, 핫도그, 호떡, 호빵, 김밥, 떡볶이, 짜장면 등 세계를 석권할 한식 후보들이 줄줄이 우리 앞에 서 있다.

다행히 런던에서 한식 사업을 하는 나와 비슷한 연배의 한 사업가가 스타트를 끊었다. 분식Bunsik이라는 이름으로 한국의 핫도그를 팔기 시작했는데, 런던 가장 중심지에 당당히 깃발을 꽂아 런던 곳곳으로 매장을 확장해나가고 있다. 세계를 제패할 충분한 잠재력이 보인다. 다행히 나의 눈에는 그 뒤를 이을 만한 확실한 아이템이 보인다. 조심스럽게 두 번째 주자가 되기 위해 차근차근 준비하고 있다.

음식을 파는 일이 내 운명이고 길이라면 기꺼이 받아들이고 싶다. 사람마다 그 시대의 가치와 정신에 맞는 소명Calling이 있다. 일제강점기에 태어난 사람이라면 '독립'을 위해 싸우는 것이 '사명'이자 '애국'이다. 자본주의를 살아가는 현재 나의 시대정신은 내 나라 제

런던 코벤트가든의 새로운 사업 후보지.
매일 찾아가서 "저건 내 거다"라고
외치고 돌아온다.

품과 서비스를 더 많이 팔고 알리는 것이다. 그렇다면 한국 사람으
로 태어나 영국에서 살아가며 글로벌 무대에서 한식으로 성공하는
것이 곧 나의 '사명'이자 '애국'이다.

　런던에서 세계적인 한식 브랜드를 만들기 위해 매일 땀을 흘리고
있다. 런던에서 시작한 사업은 곧 전 세계로 뻗어나갈 것이다. 어쩌
면 한식의 글로벌화는 중년의 내가 뒤늦게 찾은 '하고 싶은 일'인지
도 모르겠다. 맥도날드 햄버거처럼 세계 어느 곳을 가도 같은 맛을
낼 수 있는 한식 브랜드를 만들 것이다. 그리고 세계로 진출해서 맥
도날드보다 더 많은 매장을 오픈할 각오를 다지고 있다. 그래서 내
인생의 21번째 사업으로 설립한 회사가 Jacob's Toast&Coffee이
다. 한국의 이삭 토스트에서 영감을 받아 만든 토스트와 커피를 파

는 회사이다. 2023년 후반기 런던 중심지에 1호점을 오픈해서 런던 사람들의 가벼운 한 끼 식사를 책임질 준비를 하고 있다. 아이러니하게도 해가 지지 않는 나라라고 불리는 영국은 자신 있게 자랑할 만한 자기네 음식이 없다. 그러다 보니 10대 아이들부터 50대 어른들까지 주로 인도 카레나 피시앤칩스Fish and Chips로 한 끼를 '때우는' 정도이다. 이 영국 사람들의 허기진 배와 영혼을 '채우는' 일이 내가 음식 장사를 하는 업의 본질이자 사명이다. 그리고 여기에 모든 것을 걸고 반드시 세계로 진출할 것이다. 글로벌 도시 런던에서 사업성이 입증된다면 글로벌로 진출하는 데는 충분히 승산이 있다고 믿는다. 지금도 런던에서는 300개의 다양한 언어를 사용하는 사람이 모여 산다. 일종의 사업의 테스트벨리Test Valley인 셈이다. 1호점을 오픈하는 날 회사 사무실 입구에 이런 문구를 나무판에 새겨서 걸 계획이다. "맥도날드 게 섰거라!"

PART 03

성공 노트

IN MY LIFE

내가 가진 전부인 카메라 한 대를 내놓다

△

　군 제대 이후 이듬해인 2002년, 생애 두 번째 수능을 보고 늦깎이 대학생이 되었다. 다섯 살 어린 동생들과 신입생이라는 타이틀을 함께 달았다. 만학으로 대학교에 입학한 사람들은 비교적 공부를 열심히 하는 편이다. 늦게 입학한 만큼 졸업 후 무엇인가를 빠르게 이루어야 하기에 자격증 취득이나 공무원 임용 등 제각각의 목표가 있다. 하지만 나는 학교에 다니면서도 슬리퍼, 중고 휴대폰 등의 장사를 했다. 1~2학년 때까지만 해도 공부를 통해 무엇인가를 이루고자 하는 열의가 높지 않았다.

　3학년이 되어서야 처음으로 목표가 생겼다. 교양으로 선택한 광고학은 나의 많은 것을 바꿔놓았다. 광고학이라는 학문 자체의 매력에 빠진 것은 아니었다. 눈길을 사로잡은 것은 중년의 남자 교수였다. 그는 말쑥한 정장을 입은 채 지식과 권위가 복합적으로 섞인 권위적인 분위기를 풍기는 여느 교수들과 달랐다. 넥타이도 매지 않은 셔츠 차림에 소매를 풀어 팔꿈치까지 접은 채 자유로운 분위기로 수업을 진행하였다. 같은 남자가 봐도 지적이면서 패셔너블한 교수님의 모습이 그렇게 멋있을 수 없었다. 2~3시간가량의 짧은 시간이었지만, 수업을 듣는 동안 외국에서 유학하고 자신의 분야에서 전문가로 살아가는 삶을 동경하게 되었다.

그날 수업 후 생각이 많아졌다. 무엇을 어떻게 준비해야 이 교수처럼 살 수 있을지 알고 싶었다. 일단 교수의 이력을 살펴보기 위해 학교 홈페이지에 접속해 프로필을 찾아보았다. 미국 유학 출신이었다. 안 그래도 해외에 나가서 살아보고 싶었기에 해외 유학에 관심이 있었다. 아주 어릴 적부터 품어온 꿈인 글로벌 사업가가 되는데 유학이 좋은 발판이 되어줄 것 같았기 때문이다. 유학하면서 경영학을 깊이 있게 공부하고 글로벌 사업 감각을 키운 후 사업을 시작하면 보다 성공 가능성을 높일 수 있으리란 막연한 기대감이 있었다.

하지만 돈이 문제였다. 부모님의 경제 사정은 어렵지는 않았지만 유학까지 보내줄 형편은 되지 못했다. 나는 그때나 지금이나 한 번 하겠다고 마음먹으면 일단 해봐야 직성이 풀리는 성격이다. 대구 시내에 있는 유학원에 가서 어학연수 프로그램을 알아보았다. 국가와 지역에 따라 다르지만, 미국이나 영국으로 간다면 1년에 최소

1,000만 원이 필요했다. 유학원을 방문해서 상담을 받는 것만으로도 마음이 설레었다. 당시 대학교 1년 등록금이 250만 원 정도였으니 1,000만 원이면 대학교 4년 과정을 졸업하는 데 들어갈 정도로 큰 금액이었다. 여기저기 알아봐도 답이 없었다. 그러던 중 우연히 선배의 조언으로 학교 홈페이지에서 교환학생 모집 공고를 봤다. 눈이 번쩍 뜨였다. 한 학기 혹은 두 학기를 선택해 본교에 학비를 내면 해외에 있는 자매 대학교에서 수학할 수 있었다. 게다가 장학금으로 비행깃값까지 지원해준다니 이보다 좋은 기회가 없다고 생각했다.

'바로 이거다' 싶어 그 길로 학교 국제지원팀에 찾아가 자격 요건을 알아보았다. 그동안 학교 수업은 빠지지 않고 잘 들어 다행히 평균 학점 3.0의 조건은 충족했다. 문제는 토플 점수였다. 당시는 토플 시험이 종이 시험인 PBT에서 컴퓨터 시험인 CBT로 바뀌고 있던 때였다. 아직 종이 시험이 익숙했기에 PBT를 신청했다. 본격적으로 공부를 시작하기 전에 현재 실력을 확인하고자 난생처음 토플 시험을 봤다. 시험장을 나왔을 때는 그럭저럭 무난하게 시험을 봤다고 생각했다. 하지만 몇 주 뒤 받아 든 결과는 충격 그 자체였다. 고등학교 때부터 영어 성적만큼은 비교적 우수했고 대학교 입학 후에도 웬만한 원서도 영어 사전 없이 읽을 수 있는 수준은 되었다. 그래서 나름 영어를 잘하는 편이라고 생각했었는데 착각이었다. 점수가 낮아도 너무 낮았다.

그 뒤로 토플 학원에 등록해 두세 달 공부하고 시험을 다시 봤다. 점수가 조금 오르긴 했지만, 리스닝(듣기)에서 점수가 항상 부족했다. 교환학생 지원 최소 점수인 PBT 213점에 한참 미달이었다. 한 번 시험을 보는 데 20만 원 가까운 돈이 필요했다. 매번 아버지께 죄송하다는 말씀을 드리며 신용카드를 빌려 시험비를 결제했다. 시험을 네 번째 볼 때까지 원하는 점수를 얻지 못했다. 더는 아버지께 시험비를 달라고 할 면목이 없었다. 1년간 휴학하고 영어 공부에만 매진하겠다고 결심하였기에 하던 장사도 그만둔 상태였다. 내가 할 수 있는 것이 아닌가 싶어 포기해야 하나 싶었다. 돈만 갖다 버리는 건 아닌가 하는 수험생이라면 누구나 해볼 법한 생각이 나에게도 매일 찾아들었다.

당시 아버지와 내가 번갈아 타던 소형차가 한 대 있었다. 차가 오래되어 여기저기 문제가 발생했다. 아버지와 함께 저렴한 중고차를 알아보고 있었다. 교환학생으로 못 가게 되었다는 마음에 차라도 바꾸자 싶었다. 큰 차는 못 사더라도 조금 더 깨끗한 중고 소형차로 바꿀 셈이었다. 이리저리 차를 보고 다니던 중 어느 일요일 교회 예배 시간에 예배당 가운데 통로 카펫이 오래되어 바꾸어야 한다는 이야기를 들었다. 예상 비용이 500만 원 정도라고 했다. 우연히도 아버지와 내가 차를 바꾸기 위해 예상한 금액과 같았다.

그때부터 마음에 부담이 왔다. 어릴 때부터 부모님께서는 항상 "남을 잘 섬겨라", 특별히 "목사님과 교회에 필요한 물건이나 돈이

우리 가족은 중고차 대신 예배당 카펫을 선택했다.

있다면 그것부터 신경 써라"라고 귀에 딱지가 앉도록 말씀하셨기 때문이다. 온 가족이 며칠을 고민한 끝에 중고차 할부금으로 생각했던 500만 원을 대출받아 교회 카펫 교체하는 비용으로 헌금하였다. 그제야 부담으로 가득했던 마음이 편해졌다.

그런데 얼마 후 기적 같은 일이 일어났다. 마지막으로 한 번만 더 도전하겠다고 결심하고 시험을 봤는데, 내가 가장 어려워하는 부분의 문제가 며칠 전에 공부했던 기출 문제집과 거의 똑같이 나온 것이었다. 그 어느 시험 때보다 쉽게 시험 문제를 풀고 시험장을 나섰다. 예상했던 대로 목표로 했던 커트라인을 넉넉히 넘겼다. 그리고 2005년 후반기 교환학생에 지원해 합격 소식을 들을 수 있었다. 미국, 노르웨이 그리고 대만에 자매 학교가 있었는데 유럽으로 가고 싶은 마음에 네덜란드의 소도시 마스트리히트Maastricht에 있는 학교를 선택했다. 다니던 대학교에 학비를 내면 자매 학교에 따로 낼 필요가 없었고, 학교에서 비행깃값 또한 지원해주니 큰돈을 들이지 않고 간절히 원했던 해외 생활을 시작할 수 있었다. 차를 포기하고 그때 가장 필요한 곳에 내가 가진 것을 내어놓았더니, 몇 달 뒤 한국을 떠나게 되어 차가 필요 없어졌다.

런던에 살면서도 비슷한 일을 겪었다. 어느 날 출석하던 한인 교회 담임 목사님이 타던 오래된 중고차가 큰 고장이 났다. 교회에서 목사님 차 구입 건을 두고 회의를 했다. 생각 같아서는 내가 그냥 사드리고 싶었지만 마음뿐이었다. 생존을 위해 매일매일 고군분투하던 시절이니 형편이 여의치 않았다. 내가 타고 다니던 오래된 중고 자동차도 언제 고장이 날지 몰라 아슬아슬했다. 당시 런던 외곽에 거주하고 있었기에 차가 고장 나면 온 가족의 발이 집에 묶이는 상황이었다. 하지만 이번에도 역시나 마음이 불편하였다. 일요일 예배를 마치고 돌아오는 길에 아내와 상의했다.

"목사님 차 우리가 사드릴까?"

"돈이 어디 있어?"

"그러게… 어디 돈 나올 때 없을까?"

아무리 생각해도 근근이 살아가는 우리 형편에 목사님 차를 사드릴 만한 큰돈이 나올 곳이 없었다. 어떻게든 방법을 마련하고 싶어 곰곰이 생각해보니 당시 막 첫째가 태어나 사진을 찍어주고 싶어 구입한 캐논 DSLR 카메라가 생각났다. 몇 달간 일하며 어렵게 모은 돈으로 산 카메라였다. 첫 아이가 자라는 모습을 기록하고자 그 당시에는 우리에겐 사치품인 줄 알면서도 구입했었다. 카메라가 우리

전 재산이나 다름없던 카메라를 팔아 헌금했다.

가 가진 전부였다.

아내에게 살며시 의견을 말했다. 우리 가족의 추억이 달린 문제였으니 혼자 결정할 수 있는 사안이 아니었다. 하지만 아내는 선뜻 그러자고 대답하였다. 미안한 마음과 고마운 마음이 교차했다. 카메라는 중고장터에서 300파운드에 팔렸다. 봉투에 이름을 쓰지 않고 "목사님 차량 헌금"이라고 적어 헌금하였다. 큰돈은 아니었지만, 우리가 가진 전부를 드렸다. 교회에서 일부 지원을 하고 교인 몇 명이 개인 헌금을 하여 2,000파운드가량 되는 돈이 모였다. 목사님이 깨끗하고 안전한 중고차를 타실 수 있다는 생각에 마냥 기뻤다. 이날이 돈에서 진정으로 자유롭게 된 날이다.

그 후 런던에서 지내며 수많은 문제에 봉착했다. 특히 한때는 변호사의 실수로 4년간 비자가 보류되어 4년간 영국 밖으로 나가지 못하는 체류의 불안정 속에서 살아가야 했다. 그때마다 내 힘으로 위기를 이긴 적이 한 번도 없었다. 꼭 누군가 나타나 필요할 때마다 나를 도와주었다. 한번은 비자를 연장할 길이 막혀 어쩔 수 없이 투자 이민 비자를 신청해야 했는데 자금 증명을 위해 통장에 5만 파운드(당시 약 1억 원) 이상의 돈을 6개월 이상 보유하고 있어야 했다. 1,000만 원도 없는데 1억 원을 구할 수 있을 리 만무했다. 하지만 그때도 기적 같은 일이 일어났다. 알고 지내던 한인 부부에게 연락이 왔다. 우리가 비자 문제로 어려움을 겪고 있다는 것을 건너건너 전해 듣고 선뜻 6개월간 5만 파운드를 빌려주겠다고 했다. 꿈만 같은 일이었다. 감사한 마음을 말로 표현할 수 없었다. 정확하게 6개월 뒤에 5만 파운드를 그대로 돌려드렸다. 중간에 다른 비자로 전환하긴 했지만 결국 그분들 덕분에 비자를 받을 수 있었고, 현재까지 영국에 체류하고 있다. 지금도 그때의 상황을 생각하면 아찔하면서도 한없이 감사한 마음이 든다.

교회 헌금과 교환학생 합격 그리고 비자 연장. 사실 이들 간에 뚜렷하고 분명한 인과관계가 있다고 말하기는 어렵다. 하지만 이외에도 수많은 경험을 통해 손해를 좀 감수하더라도 도움이 필요한 곳이나 사람에게 내가 가진 것을 먼저 내놓으면 언젠가는 돌려받는다는 것을 깨달았다. 그러니 '받는 것이 먼저가 아니라 주는 것이 먼저'이다. 이 깨달음을 평생 내 삶을 이끄는 중요한 교훈으로 삼고 있다. 결국 사업도 고객들에게 더 나은 '가치'를 먼저 주는 것이다. 판매자Seller가 아닌 기버Giver의 삶을 살아가야 한다. 이것이 사업을 하는 나의 정체성이기도 하다.

고등학교 축제 장사에서 배운 **2배의 법칙**

△

　고등학생 시절 연중 가장 큰 행사는 단연 학교 축제였다. 남고의 특성상 축제의 최대 관심사는 항상 여고 학생들이었다. 축제 때만이 주변 여고생들이 남학교의 정문을 넘어올 수 있었다. 나의 모교인 대구 대건고등학교는 같은 재단 산하에 있는 효성여자고등학교와 담 하나를 사이에 두고 나란히 위치했다. 그러니 친구들 모두 평소에 등하굣길에 눈여겨봐 두었던 효성여고 학생들이 축제에 오기를 손꼽아 기다렸다. 하지만 난 여학생들보다 다른 곳에 더 관심이 많았다.

　1995년 고등학교 2학년 가을에도 어김없이 학교 축제가 열렸다. 교내외 사람들이 많이 모이는 날이라는 건 장사를 하기에 좋은 날이라는 뜻이다. 학교 축제가 열리기 며칠 전부터 골똘히 판매할 아이템을 고민했다. 대구시 달서구 월성동에 세워진 대건고등학교는 버스 종점 바로 옆에 위치해 근처에 작은 아파트단지와 상가 몇 개만이 세워졌을 뿐 나머지 터는 논과 밭이었다. 그렇다 보니 학교 축제에 참가하던 사람들이 선물을 구입할 수 있는 변변한 상가가 없었다. 한국 사람의 정서상 친구를 방문할 때 빈손으로 오지는 않을 터였다. 또한 고등학생들이 대부분이니 선물 가게에서 고가의 선물을 사는 것도 부담스러울 것이다.

'간단하게 성의를 표시하며, 주는 사람과 받는 사람 서로 부담 없이 즐거운 것이 무엇이 있을까?'

며칠을 고민한 끝에 괜찮은 아이디어를 떠올렸다. 대구시 번화가인 동성로 거리 상점에서 어떤 상인이 고깔 모양의 투명 비닐 포장지에 여러 종류의 과자를 담아 팔던 것이 기억이 났다. 부피가 커서 선물을 주는 사람과 받는 사람 모두를 만족시키고 가격도 합리적으로 책정하면 부담 없는 최고의 선물이 될 것 같았다.

'바로 이거야!'

아이디어 구상을 마치자마자 바로 친구들에게 축제 때 교문 입구에서 과자 선물 봉지를 팔아보자고 제안했다. 이구동성으로 함께하겠다고 난리였다. 축제 시작 전날, 친한 친구 10명가량이 학교 주변에 살던 한 친구의 집에 모였다. 과자, 투명 포장지, 리본 등 과자 봉지를 만들기 위한 재료도 빠짐없이 구입해 만반의 준비를 하였다. 새우깡, 양파링, 고래밥, 사또밥, 죠리퐁 등 지금도 사람들이 많이 찾는 과자 10여 가지를 바닥에 펼쳤다. 빳빳한 포장지를 고깔 모양으로 만든 후 형형색색의 과자를 차례대로 담고 포장지가 벌어지지 않도록 테이프로 단단하게 붙였다. 과자를 모두 담은 후 끝부분을 리본으로 묶자 과자 봉지가 완성되었다. 성인 팔뚝만 한 크기의 과자 봉지는 제법 그럴듯한 선물로 보였다. 처음 만들 땐 고깔 모양도 잘 나오지 않고 서툴렀는데 10개, 20개가 만들어지자 점점 속도가 붙었다. 여유가 생긴 친구들은 저마다 과자를 먹으며 낄낄대며 웃고 장난을 치기도 했다. 그렇게 저녁 늦게까지 작업한 결과 약 100개가 만들어졌다. 가격은 1,000원으로 정했다. 당시 떡볶이 1인분이 500원 정도였으니 1,000원이면 큰 부담 없는 가격이다. 무엇보다 다른 대체재가 없었다. 과자와 포장지 100개 만드는 데 원가가 3만 원 정도 들어갔으니 100개 완판이면 10만 원 수입이 예상돼 매출 측면에서도 나쁘지 않았다.

100개의 선물 봉지를 친구들과 큰 봉투에 나눠 담아 학교 입구로 갔다. 축제 시작 시간이 되자 한 명, 두 명 우리 또래의 친구들로 보이는 타교 학생들이 오기 시작했다. '과연 살까?' 마음이 조마조마했지만, 나의 예상은 적중했다. 학교로 오는 길에 마땅한 상점이 없으니 빈손으로 오는 사람들이 많았고 기껏해야 근처 슈퍼마켓에서 구입한 음료수 정도가 전부였다. 그래서 우리가 파는 상품을 발견한 사람들은 사막에서 오아시스를 만난 것처럼 달려와서 과자 선물을 사 갔다. 순식간에 100개가 다 팔렸다. 그러자 친구들이 마치 약

학교 축제 때 과자 세트를 만들어 팔아서 대성공을 거두었다.

속이라도 한 듯 다시 과자와 포장지를 구입해 전날 모인 친구 집에 다시 모였다. 축제가 3일이니 아직 이틀이 남았다. 다음 날 팔 물건을 다시 만들었다. 그다음 날 그리고 마지막 날까지 250개 정도를 팔았다.

친구들과 소소하게 시작한 장사는 학내 모두가 인정하는 성공적인 프로젝트로 기록되었다. 그 후로 한동안 2학년 동기들 사이에서 우리의 사업 이야기가 입소문을 타고 퍼져서 학교의 전설로 남았다. 중학교 때 군고구마를 팔았던 경험이 큰 힘이 되었다. 당시에 아파트단지 인근에 간식거리를 파는 곳이 없다는 점에 착안하여 군고구마를 판 결과 괜찮은 수입을 올릴 수 있었다. 그래서 학교 축제에서도 기회를 발견하려고 애쓴 결과 과자 선물이라는 아이디어를 떠올릴 수 있었고, 축제에 적합한 아이템을 선정함으로써 기대 이상의 결과를 얻을 수 있었다.

청소년 시절부터 '사업가의 안목'이 있었던 것 같다. 주변에 상점이 없어 물건을 구입하기 어려운 부정적인 요소를 역으로 이용했고, 축제 때 필요한 선물 수요를 예측했다. 사실 가시적으로 보이지 않을 뿐이지 시각을 바꾸면 거의 모든 상황에는 비즈니스의 기회가 있다. 논과 밭 옆에 있는 학교였지만 이곳에서도 기회가 있었고 그 기회를 잡았다.

친구들이 함께해서 더 즐겁고 힘이 되었다. 3일간의 축제 동안 친구들과 인생에서 잊지 못할 좋은 추억 하나를 만들었다. 마지막 날 장사를 끝내고 학교 근처 중국집에 모여 함께 뒤풀이를 했다. 내가 모든 식삿값을 내고 수고비를 친구들에게 나누어주었다. 나의 아이디어였으니 당연히 내가 가장 많은 수익을 가져가고 나머지를 친구들과 나누었다. 그때는 수익 배분을 공로에 따라서 하는 것이 당연하다고 생각했다.

하지만 그날 이후로 몇몇 친구들이 이상했다. 연락도 뜸해지고 모임에도 잘 나타나지 않았다. 무슨 섭섭한 일이 있나 싶었지만 대수롭지 않게 생각하고 넘어갔다. 이후 고등학교를 졸업하고 그 두세 명의 친구들과는 자연스럽게 연락이 끊겼다. 그리고 대학교에 진학한 이후 우연한 기회에 연락이 끊긴 친구들의 마음을 헤아릴 기회가 생겼다.

대학 시절 친한 친구와 함께 일일 찻집을 운영한 적이 있는데, 나중에 수익을 배분하는 과정에서 내가 기대했던 것보다 적은 액수를 받자 섭섭한 마음이 들었다. '아 고등학교 때 친구들이 수익 배분 때문에 섭섭했겠구나!'라는 생각이 머리를 스치고 지나갔다. 나의 아이디어였고 내가 가장 많은 돈을 투자했지만, 친구들끼리 돈을 조금씩이라도 투자해서 장사했다면 모두가 지분이 있다고 봐야 했다. 주식회사로 비유하자면 일정한 몫을 가진 주주와 같았다. 그렇기에 수익은 투자 금액에 맞게 공평하게 분배했어야 했다. 하지만 그 당시 나는 나의 사업 아이디어의 가치를 과대평가함으로써 다른 친구들의 헌신을 헤아리지 못했다. 내가 수익의 70% 정도를 가져가고 나머지 30%만을 10명가량에게 나누어주었으니, 내가 너무하다고 생각한 친구가 당연히 있을 수 있었다.

이미 세월이 지났고 친구들도 떠났다. 지금 와서 후회한들 소용없다. 하지만 학창 시절 많은 추억을 공유한 소중한 사람을 나의 실수로 잃은 일은 협업과 적절한 보상과 분배의 중요성을 깨닫는 계기가 되었다. 그래서 함께 일한 사람들의 보상에 관해서는 평생을 두고 조심하고 있다. 내가 생각하는 100%를 상대방은 50%로 느낄 수 있다. 서로 생각하는 각자의 노력과 기여, 헌신의 가치가 다르기 때문이다. 이러한 깨달음을 얻은 이후에 누군가에게 보상해야 할 때마다 항상 내가 생각하는 수준의 2배를 측정한다. 그래야 상대

내가 생각했던 것보다 2배로 보상하라.

는 적절하게 받았다고 생각한다. 물론 "뭘 이렇게 많이 주셨어요?"
라고 인사하는 극히 드문 경우도 있기는 하다. 사장은 자신이 생각
하는 것보다 1.5배에서 2배를 더 계산해서 주는 게 딱 적당하다.
1.5배면 상대방은 적당하다고 생각하고 2배면 사장이 신경을 썼다
고 생각한다. 그래서 부하직원이든, 거래처든 보상을 해야 할 일이
나 선물을 해야 할 때 2배의 법칙을 적용하려고 한다.

2배를 보상하는 순간에는 내가 가질 수 있는 것의 절반을 포기
해야 하니 아깝기도 하고 움켜쥐고 놓기 싫을 때도 있다. 상대방이
이런 내 마음도 모르고 당연한 듯 받을 때면 야속한 마음이 들기
도 한다. 그러나 그 절반을 부여잡고 있어도 그것은 어떤 방식으로
든 내 주머니에서 빠져나가게 돼 있다. 그러니 나의 몫을 조금 포기

해서 누군가의 마음을 채워줄 수 있다면 그만큼 가치 있는 일도 없다. 혹시 아는가? 상대방의 마음을 살 수 있을지. 조금 포기함으로써 나 자신이 다른 사람의 인생으로 들어갈 수만 있다면 그것만큼 남는 장사도 없다. 사람은 누구로부터 선물이나 보상을 받을 때 주는 사람의 성의가 들어갔는지, 아니면 건성인지 귀신같이 안다.

　돈으로 사람을 잃어봤기에 누군가에게 줄 때만큼은 고민하고 고민하고 또 고민한다. 일종의 트라우마다. 내가 생각한 금액의 2배면 딱 적당하다. 결과적으로 반절의 손해가 언젠가는 2배로 다시 채워지리라 믿는다. 손해가 절대 손해가 아니다. 다행히 '2배의 법칙'의 효과로 지금은 '인색한 사람'이란 소리를 듣는 일은 면하고 있다. 과해서 상대방에게 부담을 주지도 않고 부족해서 상대방의 감정을 상하지도 않는 수준의 선을 잘 타는 것이 사업가로 그리고 사람으로 살아가는 데 절대적으로 필요한 기술임을 이제는 안다.

목표를 쓰면 이루어진다

△

영국에 온 이후로 일곱 번 정도 이사를 했다. 전세 개념
이 없는 영국에서는 자기 소유 부동산이 아니면 월세Rent 방식으
로 집을 대여한다. 영국의 수도인 런던 시내에서 방 3개 정도의 주
택이나 플랫Flat(한국의 아파트 개념)을 매입하려면 위치에 따라 다르
지만 대략 10억 원에서 15억 원 정도의 돈이 필요하다. 물론 주택담
보대출Mortgage을 집값의 최대 90% 가까이 받을 수 있지만, 보증금
5~10%와 인지세Stamp Duty(일종의 부동산 취득세)를 합쳐 최소한 2억
원은 수중에 들고 있어야 한다.

가끔 나보다 앞서 영국에 정착한 지인들이 2000년대 초중반에는
2,000만 원 정도의 보증금만 가지고 런던에서 집을 산 무용담을 들
려준다. 이 이야기를 하면서 "그때 집을 샀었어야지"라는 핀잔을 주

곤 한다. 그 당시 상당히 많은 수의 유학생이 한국에서 대출을 받아 부동산을 쉽게 매입하였다. 지금은 돈이 있어도 영주권자나 시민권자가 아니면 주택 매매를 할 수 없다. 2007년이면, 내가 영국에 처음 정착하여 아르바이트 두세 개에 덧붙여 이런저런 장사를 하며 겨우 생활비를 마련하던 시기였다. 집을 산다는 것은 꿈도 꿀 수 없었다.

그렇다 보니 저렴한 월세를 찾아 이리저리 옮겨 다녔다. 신혼집이었던 런던 외곽 이스트코트Eastcote에서는 집주인이 반강제로 나가라고 해서 쫓겨나듯 이사를 해야 했다. 그 뒤로 매번 이사할 때마다 아내와 옥신각신 다투는데, 바로 내가 그동안 하루도 쉬지 않고 기록하던 노트와 다이어리들 때문이다. 30~40대를 모두 영국에서 보냈으니 여기에 내 청춘의 기록들이 고스란히 녹아 있다. 내 인생의 저장고인 셈이다. 이 노트와 다이어리들 그리고 꿈과 목표를 매일매일 기록했던 A4용지들을 한데 쌓아놓으니 내 키만큼 높이다. 그러니 이사할 때마다 아내에겐 이 짐들이 눈엣가시였다. "제발 좀 갖다 버려라"라고 아내가 눈치를 주지만, 나는 필사적으로 이 보물들을 지켜왔다.

지금 와서 이 노트들을 열어보면 신기하게도 많은 것이 이루어졌음을 발견한다.

"자신의 운명을 개척하라. 생각하는 바대로 이루어진다. 꿈과 목표를 종이 위에 적고 그에 따른 행동을 취함으로써 되고자 하는 이

상형에 가까이 다가갈 수 있다. 미래를 자신의 것으로 만들어라. 바로 당신의 것으로."

작가 마크 빅터 한센Mark Victor Hansen의 말이다. 나의 인생을 한 문장으로 압축하라면 이것만큼 잘 표현한 말이 있을까 싶다. 평생 내가 처한 현실을 바꾸어보고 싶어 종이에 항상 무언가를 기록했다. 그리고 처절하게 몸부림쳤다. 어떻게 보면 노트 쓰기는 나의 암울한 현실을 벗어나 숨을 쉬고 꿈을 꾸는 유일한 휴식처였다.

2010년 아내가 첫째 아이를 낳고 얼마 뒤 출산휴가를 마치고 복직하자 나는 전업주부로서 2년 넘게 육아를 도맡았다. 그때 아이를 재워놓고 시간이 남을 때마다 책을 읽곤 했다. 그 무렵 인상 깊게 읽었던 책 중 하나가 브라이언 트레이시Brian Tracy의 『백만 불짜리 습관Million Dollar Habits』이었다. 트레이시는 현재 자신이 원하는 목표를 종이에 적는 순간 이룰 가능성이 1,000배 커진다고 이야기한다.

책에는 트레이시가 겪은 흥미로운 일이 소개되었다. 룸메이트 사이인 두 명의 여성이 트레이시의 세미나에 참석했다. 그녀들은 "오늘 밤 잠자리에 들기 전에 자신이 진정으로 원하는 목표 10가지를 종이에 적으세요"라는 강연을 들었다. 두 사람은 숙소로 돌아갔다. 한 명은 세미나에서 배운 대로 자신이 원하는 목표를 종이에 적었고, 다른 한 명은 그 말을 가볍게 듣고 흘려보냈다. 그리고 두 달이 지났다. 한 여성이 트레이시에게 연락했다. 종이에 목표를 적은 여성이었다. 그녀는 새로운 직장을 구해 2배의 급여를 받아 삶이 많

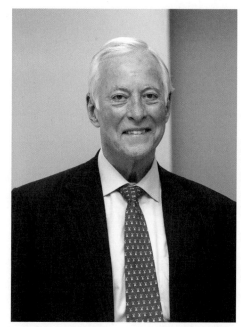
목표 기록하기의 놀라운 힘을 역설한 브라이언 트레이시

이 변했다는 소식을 전했다. 반면 다른 한 명은 여전히 식당에서 웨이트리스Waitress로 일하며 하루하루를 살아가고 있었다.

  가난한 이민자에서 개인 자산 4,000억 원대의 슈퍼 리치가 된 김승호 회장의 책 『김밥 파는 CEO』에도 같은 메시지가 나온다. "나는 내 생각의 소산이다"라는 말을 인생 최고의 격언으로 삼고 있는 김승호 회장 역시 종이에 목표를 적는 것을 권한다. 특별히 '하루에 목표 100번 적기를 100일 동안'이라는 방법을 강조한다. 100일간 노트를 쓰는 동안 그 목표가 정말 자신이 원하는 것인지 아닌지를 확인하게 된다고 한다. 김 회장은 그동안 종이에 적었던 수십 가지의 목표가 거의 다 이루어졌다고 했다.

당시 나는 수차례 장사와 사업에 실패한 뒤였기에 트레이시와 김승호 회장이 말한 노트 적기를 매일 필사적으로 했다. 많은 것을 수첩에 적었다. 그중 하나는 "수입 2배 올리기"였다. 가장 적기 쉬운 간단한 목표였지만 처음엔 수행하기 불가능했다. 수입을 더 올리기는커녕 사업 실패로 영국과 한국의 지인들에게 진 빚을 갚기도 벅찼다. 아내가 회사에 다니며 나와 같이 돈을 벌었지만, 한 명의 급여는 고스란히 월세로 나가니 한 달 한 달이 늘 마이너스였다.

게다가 아이들이 영국 초등학교Primary School에 들어가고 학년이 조금씩 올라가니 들어가야 할 돈이 기하급수적으로 늘어났다. 게다가 큰아이와 작은아이 둘 다 축구 선수가 되고 싶다고 하니 빚을 내서라도 축구를 시키고 싶었다. 특히 큰아이는 대여섯 살 때부터 축구에 재능을 보여 8년째 축구를 시키고 있다. 런던에는 지역마다 축구 클럽이 있다. 4부 리그로 이루어져 있는데 최하위 리그로 입단해서 현재는 최상위 리그까지 올라갔다. 자녀들에게 예체능을 시켜본 사람은 얼마나 큰 비용이 들어가는지 짐작할 것이다.

그런데 노트 쓰기를 시작하고 2~3년 정도 지나자 기적 같은 변화가 일어났다. 2019년 3월 레스토랑 사업을 인수하게 되었다. 첫 달 집으로 가져온 수익이 정확하게 그전에 벌던 수입의 2배였다. 노트의 기적이 이루어진 것이다. 당시 "처음 노트에 적을 때 수입 2배 올

리기가 아니라 10배라고 적었더라면 어땠을까?"라고 우스갯소리를
했다.

어차피 목표는 내가 정하는 것이니 큰 숫자를 적는다고 손해 볼
것은 없다. 그래서 지금은 어떤 목표든 10배 혹은 100배 정도의 큰
목표를 적는다. 어차피 이루어질 거 이왕이면 내가 가장 크게 잡을
수 있는 목표를 세우는 것이다. '노트 적기' 그 자체가 우리의 목표
를 이루어주는 것은 아니다. 그런데 그 행동 하나만으로 목표에 집
중하는 힘을 준다. 간단하고 구체적인 목표일수록 더 뚜렷이 머리에
각인되어 내 삶에 실제가 될 가능성이 커진다.

그 뒤로 하고 싶은 일, 만나고 싶은 사람, 가고 싶은 곳이 있으면
무조건 종이에 적었다. 그러면 신기하게 한 번도 보지 못했고 경험
해보지 못했지만, 그 대상이 친근하게 느껴졌다. 그래서 이젠 완전
히 불가능해 보이는 목표를 적는다. 뭐 어떤가? 비용이 드는 것도
아니고 누가 보는 것도 아닌데 말이다.

매달 월세를 300만 원 가까이 내며 조그마한 아파트에 살았다.
매번 이 돈이 너무 아깝다고 생각하지만, 런던은 물가만 비싼 게 아
니라 집값도 비싸다. 그러니 집을 살 엄두조차 내지 못했다. 그러던
어느 날 노트에 "집 구입하기"라고 목표를 적기 시작했다. 그 당시로
는 매번 이사 다니기도 힘들었고 매달 아내가 버는 돈을 모조리 월
세로 내야 했기에 아깝기도 했다.

그런데 뜻하지 않은 때에 기회가 왔다. 2020년 초 코로나19로 국

간절한 마음으로 꿈을 기록한 노트

가 봉쇄National Lockdown가 시작되고 사람들의 이동이 제한되며 부
동산 시장도 일시적으로 침체했다. 문득 '이럴 때 집을 할인해서 팔
지 않을까'라는 생각이 들어 신축 타운하우스Town House 위주로 부
동산을 검색하기 시작했다. 런던 북쪽 엔필드Enfield 지역 한 신축 단
지의 미분양된 타운하우스 세 채가 할인된 가격에 판매되고 있었
다. 그중 하나가 10억 원 가까이 되었는데 1억 원을 할인해주었다.
그 외에도 집 구입에 들어가는 세금인 취득세Stamp Duty를 면제받았
다. 또한 변호사와 집기 비용 전부를 건설사에서 내주었다. 그동안
알뜰살뜰 모았던 돈을 보증금으로 내고 나머지는 주택담보대출을
받아 결국 3개월 뒤 집 열쇠를 건네받았다.

헨리에트 앤 클라우저Henriette Anne Klauser의 책『종이 위에 기적, 쓰면 이루어진다』에는 다음과 같은 인상적인 구절이 나온다.

"목표를 적는 행위는 무척 과학적인 면을 지니고 있다. 목표를 종이에 기록하는 것은 두뇌의 일부분인 망상 활성화 시스템을 자극하고 뇌에 그 특별한 시스템이 당신을 도와 목표를 이루게 하기 때문이다. (중략) 망상 활성화 시스템은 두뇌의 여과 시스템이라고 할 수 있다. 그리고 목표를 기록하는 행위는 그 시스템에 성능 좋은 필터를 설치하는 일이다. 일단 목표를 적기 시작하면 두뇌는 그 목표와 관련된 것들에 대해 민감하게 반응하기 시작한다."

헨리에트가 설명하기로 아기 엄마들은 시끄러운 장소에서도 자신들의 아기가 우는 소리만은 정확하게 들을 수 있다고 한다. 엄마의 모든 생각이 아기에게 집중되었기 때문에 망상 활성화 시스템을 통해 다른 소음들은 필터링이 되고 오직 아기의 울음소리에만 민감하게 반응하는 것이다.

포르쉐Porsche 자동차를 구입했다고 가정하자. 그다음부터는 포르쉐 자동차가 길거리에 얼마나 많이 다니는지 발견하게 될 것이다. 그동안 없었던 이 많은 포르쉐 자동차들이 어디서 나타났는지 의구심이 들것이다. 포르쉐는 늘 내 주변에 있었다. 다만 그동안 보이지 않았을 뿐이다. 목표를 종이에 적는 것은 앞에 말한 두 사례와 똑같다.

헨리에트는 이 행동을 "레이더를 의식 속에 설치하는 행위"라고 표현했다. 우리의 레이더는 목표를 적는 그 순간부터 작동하기 시작한다. 그리고 우리가 깨어 있어 의식이 있는 순간은 물론 잠을 자거나 혹은 다른 일을 할 때도 우리의 무의식 속에서 끊임없이 일한다. 그래서 한밤중에 갑자기 잠에서 깨어났을 때 혹은 아침에 일어나는 순간 오랫동안 고민하던 문제에 대한 답을 얻거나, 한 번도 생각해보지 못한 새로운 아이디어가 떠오르는 것을 경험하기도 한다.

자신이 원하는 것이 무엇인지 알고 여기에 집중하며 모든 에너지를 한곳에 쏟으면 엄청난 에너지가 발생한다. 노트 쓰기를 하는 동안에 우리의 모든 에너지가 집중되는 것도 같은 원리다. 노트에 목표를 쓰는 것은 헨리에트의 말처럼 우리 신체의 '망상 활성화 시스템'을 극대화하는 과학적인 방법이다. 우리 인간은 생각보다 엄청난 존재들이다.

세월이 지나 자신이 적었던 노트와 종이를 다시 본다면 깜짝 놀랄 것이다. 난 그렇게 지금의 아내를 만났고 영국으로 왔으며 사업을 하고 있다. 이외에도 수많은 목표를 이루었고 또 이루어가고 있다. 지금 이 책도 5년 전쯤 노트에 "내 이름으로 된 책 발간하기"란 목표를 적었기 때문에 이 세상에 나오게 된 것이다. 조금 유치하고 보기 민망한 목표이면 어떤가. 결국 나의 꿈, 나의 인생이다. 아무도 내 삶을 대신 살아주지 않는다. 내가 원하고, 바라고, 노트에 적고, 포기하지 말고 끝까지 도전해 성취하면 된다.

노트에 적힌 나의 다음 목표는 "전 세계에 맥도날드보다 더 많은 체인 레스토랑 매장을 열겠다"이다. 매일 아침 마치 종교의식을 치르듯 이 목표를 종이에 적는다. 그러면 종일 이 목표가 내 머릿속에서 떠나지 않는다. 이 목표를 내 의식 속에 가두고 빠져나가지 않게 하려고 목표를 종이에 적어서 지갑 속에 보관하고 틈만 나면 꺼내 읽는다. 누군가는 비웃겠지만, 나는 가슴이 뛴다. 2019년 기준 맥도날드 매장이 3만 8,000개이니 목표의 1%만 성취해도 380개이다. 그러니 나의 눈에는 이런 체인 레스토랑 사업밖에 보이지 않는다. 어떻게 하면 샘플 매장을 만들어 시스템을 복제해나갈 것인가를 생각한다. 실내 인테리어는 어떻게 하고 직원들의 유니폼은 어떤 색깔을 사용할 것인가 미리 생각한다. 임직원 컨퍼런스는 그리스 해변에서 하면 좋겠고, 전 세계 매장을 방문할 때 회사 선용기를 이용하면

노트에 목표를 쓰면 이룰 가능성이 커진다.

더 편하겠다는 생각도 한다. 그리고 회사 수익의 십일조(10%)는 꼭 아프리카나 저개발 국가에 교회와 학교와 병원을 세우는 데 사용하겠다고 생각한다. 한국에서 이와 같은 일을 하고 있는 NGO 단체를 찾아보았다. 그런데 실제로 여기 임원분과 연결되어 함께 일할 기회가 오기도 했다.

누가 들으면 "미쳤다"고 할 수도 있다. 그런데 정상적인 행동으로는 지극히 정상적인 결과밖에 얻을 수 없다. 하지만 비정상적인 행동을 할 때 비로소 인간은 평범함을 극복할 수 있다. 나의 망상 활성화 시스템이 이 모든 목표를 위해 현재 활동을 극대화하는 중이기 때문이다. 〈포춘〉이 선정한 '세계 최고의 리더' 중 한 사람인 피터 디아만디스Peter Diamandis는 말한다. "모든 혁신은 정신 나간 아이디어에서 나온다." 2~3배 큰 목표는 모는 사람들과 경쟁하겠다는 뜻이지만, 10배 큰 목표를 세운다면 피터의 말처럼 "그곳엔 오직 당신밖에 없다." 시간의 문제이지 세상에 못 할 일은 없다. 그 사람이 했다는 말은 나도 할 수 있다는 뜻이다.

우리에게 한계는 없다. 무엇을 하고 싶고 어떤 사람이 되고 싶은지 끊임없이 생각하고 매일매일 종이에 목표를 적는다면 언젠가는 우리는 원하는 일들을 이루어내고야 마는 사람으로 변해 있을 것이다. 이 세상에서 비용을 들이지 않고 할 수 있는 일이 과연 몇 개가 있을까? 노트 한 권만 있으면 되는 일이다. 노트에 목표 적기는 세상에서 가장 가성비 좋은 투자가 아닐까.

재능이 아니라 노력
그리고 노력은 반복하는 것

△

새벽 5시 55분이면 어김없이 전화 한 통이 걸려온다. 새벽마다 걸려오는 이 전화를 받은 지도 벌써 2년이 넘어간다. 스카이프Skype로 걸려오는 교회 담임 목사님의 단체 콜이다. 새벽 6시면 10여 명 가까이 되는 성도들이 온라인에 접속해 성경 말씀을 함께 읽고 묵상한 뒤 서로의 생각과 삶을 나누고 기도한다. 교재는 『GTGlobal Time』이다. 처음 며칠은 잠이 쏟아져 괜히 시작했나 싶은 후회가 일었다. 하지만 한두 주 지나고 한 달 가까이 되어가니 어느덧 습관이 되었다. 레스토랑을 운영한 뒤로 밤 12시 가까이 되어 집에 도착해 샤워하고 아내와 이런저런 이야기를 나누다 보면 늘 새벽 1시를 넘겨 잠자리에 드는 일과를 보내고 있다. 그래도 새벽 6시가 되면 어김없이 눈이 떠진다.

한 시간가량의 온라인 모임이 끝나면 이어서 하루도 빠지지 않고 하는 일이 두 가지 있다. 첫 번째는 침대 정리다. 호텔 룸메이드 수준은 아니더라도, 베개와 이불을 반듯하게 정리한다. 이렇게 매일 아침 첫 번째 임무를 완수한다. 작은 행동이지만 성취감을 느낄 수 있다. 두 번째는 노트에 결단 10가지, 감사 제목 10가지, 목표 20가지를 한 면 빼곡히 적는 일이다. 30분가량이 걸린다. 나는 이 작업을 '아침 일기'라고 부른다. 하루도 허투루 보내지 않기 위해 시작한 일이다. 이 행동을 1년 이상 반복하니 이젠 숨을 쉬듯이 편안하다.

어떤 행동을 반복하면 습관이 된다. 대부분의 사람이 침대에서 헤어나오지 못하는 시간에 잠에서 깨어 남들보다 먼저 하루를 시작하고, 구체적인 행동에 나섰기에 성취감은 물론 충만한 만족감이 느껴진다. 이 좋은 기분을 끊을 수 없다. 이 습관을 만든 것은 나이지만, 시간이 지나니 이 습관이 나를 만들어갔다. "우리가 반복적으로 행하는 것이 우리 자신이다. 그렇다면 탁월함은 행동이 아닌 습관인 것이다"라는 아리스토텔레스의 명언에 고개가 끄덕여진다.

그렇다면 하나의 새로운 습관을 만들려면 최소 얼마의 시간이 필요할까? 처음 21일이 필요하다. '21일 법칙'은 『맥스웰 몰츠 성공의 법칙』을 쓴 미국인 의사 맥스웰 몰츠Maxwell Maltz가 처음으로 주장했다. 런던대학UCL, University of London의 필리파 랠리Phillippe Lally 교수 연구팀에 따르면 새로운 하나의 행동이 습관으로 형성되는 데 최소 21일 걸리며, 행동이 습관으로 자리 잡기까지 66일이 걸린다.

매일 아침 이부자리 정리 습관으로 성취감을 느낀다.

무언가를 반복한다는 것은 에너지가 응축되는 과정이다. 그것이 부정적인 행동이면 자신을 파멸의 길로 이끌지만, 생산적이고 긍정적인 행동이면 그 사람의 인생을 송두리째 바꾸기도 한다. 무언가를 반복한다는 것은 에너지가 축적되고 내공이 쌓여 성공에 가까워지고 있음을 의미하기도 한다.

존 크럼볼츠John Krumboltz와 라이언 바비노Ryan Babineaux의 책『빠르게 실패하기』에는 어느 도자기 공예 선생님의 실험 이야기가 소개되어 있다. 도자기 공예 선생님은 반 학생들을 두 개의 그룹으로 나누었다. 첫 번째 그룹의 학생들에게는 도자기 50개를 만들면 A학점을, 40개를 만들면 B학점을 준다고 했다. 그리고 두 번째 그룹의 학생들에게는 한 학기 동안 만든 작품 중 최고의 작품 한 점만으로 평가를 받게 된다고 설명하였다. 첫 번째 그룹은 '양Quantity'으로, 두 번째 그룹은 '질Quality'로 평가한다는 내용이다. 학기 말이 되어 모든 학생의 점수를 평가했는데, 흥미롭게도 최고의 작품을 제출한 학생들이 모두 첫 번째 그룹인 '양'으로 평가한 그룹에 속해 있었다. 이 학생들이 더 많은 작품을 만들기 위해 셀 수도 없이 흙을 빚었고, 그사이 도자기를 빚는 일에 점점 능숙해졌다는 것이다. 양을 채워나가는 동안 하나씩 꾸준히 작품을 만들며 수많은 실패를 겪었다. 그 실패를 통해 흙을 더 잘 빚는 방법을 체득한 것이다. 양을 채우면서 반복의 놀라운 힘이 발휘되었다.

2019년 초에 현재 운영하는 레스토랑을 인수하고, 먼저 했던 작업이 신메뉴 개발이다. 보통 전통적인 돌솥비빔밥과 파전, 김치찌개 징도가 무난하게 팔리는 메뉴이기에 런던 시내 100여 개의 한식당이 거의 유사한 메뉴를 팔고 있다. 수많은 한국 식당과 차별화할 수 있는 메뉴가 필요했다. 그래서 한국 양념치킨을 새롭게 시도했다. 지금이야 런던 시내 곳곳에서 너도나도 양념치킨을 판매하지만 몇 년 전만 해도 양념치킨을 파는 곳이 많지 않았다. 한국을 떠나온 지 오래된 나와 주방장님 둘 다 한국의 양념치킨 맛이 잘 기억나지 않았다. 그래서 런던에서 양념치킨을 가장 잘한다는 식당을 찾아가 맛을 보고 1인분을 포장해 와서 직원들에게 맛보게 하였다. 그리고 최대한 비슷하게 양념을 만들어보았는데 뭔가 부족했다.

몇 번의 테스트를 거쳐도 제대로 된 맛이 나지 않자 어떻게든 해

부동의 판매 1위 양념치킨 포스터

야겠다는 오기가 생겼다. 무슨 수를 써서라도 양념치킨 조리법을 배워야겠다고 생각했다. 마침 주변에 한국 음식을 잘하는 셰프가 몇 명 있어 찾아가 사정을 얘기하고 치킨을 튀기는 법과 양념 소스 레시피를 받아 왔다. 그렇게 몇 번 더 테스트를 거치자 양념치킨을 가장 잘한다는 집과 맛을 비교해서 뒤지지 않을 정도가 되었다. 맛은 우선 합격이다. 몇 주에 걸쳐 레시피를 여러 방식으로 바꾸어가며 최종 레시피를 완성했다. 현재는 평균 주문율 80%, 즉 10개의 테이블당 8개꼴로 양념치킨을 주문한다.

4년간 치킨을 튀겼으니 그동안 얼마나 많이 반복했겠는가? 수없이 많은 시행착오를 거치면서 치킨을 만드는 과정에 점점 능숙해졌다. 손님들이 런던 어디에서도 이런 치킨을 먹어보지 못했다며 감탄사를 연발한다. "영국 사람들은 그동안 양념치킨 없이 어떻게 살았을까?"라고 직원들에게 우스갯소리를 하곤 한다. 신메뉴 성공은 수많은 시도와 반복을 통해 얻은 결과이다.

무언가를 지속해서 반복한다는 것은 에너지가 응축되는 것과 같다. 우리가 지속해서 만나는 사람을 통해 우리가 어떤 사람인지 증명할 수 있다. 지속해서 들어오는 수입이 한 방으로 크게 버는 일회성 수입보다 더 힘이 세다. 한 번에 많이 마시는 술이 사람의 건강을 해치는 것이 아니라 지속해서 마시는 술이 어느새 사람의 건강을 해친다. 갑자기 자극받아 하루에 왕창 하는 운동으로 건강해질 수 없다. 동네 한 바퀴 돌더라도 매일매일 꾸준히 하는 운동이 사람을 건강하게 만든다. 주식과 부동산의 시세 차이로 벼락부자가 된 사람보다 매달 일정 금액을 계속 투자하며 여기에서 생긴 이자나 배당을 재투자하는 사람이 더 큰돈을 번다. 복리의 법칙 때문이다.

이처럼 우리 인생의 모든 영역에서 한 가지 일을 '반복'하는 것은 결국 힘을 기르는 것과 같다. 그것이 곧 우리의 시그니처가 된다. SNS에서 반짝이는 유행이나 사람들을 보며 순간적으로 혹하지만 이내 식상해진다. 하지만 한 가지를 꾸준히 반복적으로 하는 사람을 만나면 경외심이 생긴다. 그것이 아무나 할 수 없는 그 사람만의 유일함이면 그 힘은 결국 수입으로 연결될 수밖에 없다. 그러니 돈 버는 것보다 먼저, 내가 남이 하지 않는 유일한 일을 얼마만큼 오랫동안 반복했는가를 스스로 물어보면 우리 인생의 근본적인 답이 나온다.

유용한 도구인 돈을 지배하라

△

돈이 없다고 불행한 삶은 아니다. 단지 조금 불편할 수는 있다. 영국 유학 초기에 한 푼이라도 아끼겠다고 슈퍼마켓에서 'Value' 제품(최소 품질의 저렴한 제품)을 찾아다녔다. 장을 볼 때 가격이 1파운드(당시 약 1,600원)가 넘으면 머릿속으로 수십 번은 더 고민하며 잡았다 놓았다를 반복했다. 가끔 외식하러 가족들과 레스토랑에 가면 스타터Starter를 주문하지 못하는 것은 물론이고 음료수도 없이 수돗물Tap water을 마시고 음식도 2~3인분만 시켜 아내 그리고 두 아이와 나눠 먹곤 했다.

불편함을 감수하고 한두 푼 아끼면 삶이 나아질 줄 알았다. 영국에서 10년 가까이 이런 삶을 살고 나니 나의 무의식에 소비와 지출, 그리고 수입에 관련된 고정관념이 생겨버렸다. 딱 굶지 않을 정도만 벌고, 그만큼만 쓸 수 있는 사람이 되어버린 것이다. 어렵게 유지하던 의류 사업을 정리하고 현재 운영 중인 레스토랑 사업을 시작한 후 수입이 꽤 늘었지만, 관념이 굳어버려 절약을 미덕(?)으로 여기는 삶을 유지했다. 검소하고 절약하면 인생이 바뀔 줄 알았다.

내 삶의 목표는 경제적 독립과 자유이다. 불편함과 편함의 사이에서 선택의 폭이 넓고 원하는 것을 선택할 수 있는 자유의지가 있는 사람이 되고 싶었다. 하지만 현실은 1년에 한 번 겨우 가족들과 휴가를 보내고, 일요일 하루를 위해 6일을 희생해야만 했다. 내 유일한 자산인 나의 육체와 시간을 돈으로 교환해서 발생하는 사업 수익이 유일한 수입원이다. 이 말은, 즉 회사에 수익이 없으면 나의 자유의지 또한 소멸할 수 있음을 의미한다. 나는 나 스스로 고용된 노동자일 뿐이다. 이런 삶을 바꾸고 싶었다. 내가 원할 때 쉴 수 있고 어디든 갈 수 있고 사랑하는 사람들과 함께 더 많은 시간을 보내는 삶을 누리고 싶었다. '이런 삶이 과연 욕심이고 사치인가?'라는 의문이 들었다. 그렇지 않다. 한 인간으로서 이 땅에서 살아가며 당연히 누릴 수 있는 삶이다. 그래서 당장 몇 가지 경제 목표를 설정하고 실행하기로 결심하였다.

첫 번째 목표는 그다지 어렵지 않게 정할 수 있었다. 비싼 물가의 런던에서 최소한의 생계를 유지하기 위해서는 현재 내가 버는 수입의 정확히 두 배가 필요했다. 나와 내 가족을 지키기 위한 가장 기본적인 목표였다. 생존과 관련된 목표이니 꼭 이루어야 했다. 가족에게 더 좋은 삶의 질을 제공하고 싶은 가장의 몸부림으로 거짓말 같이 수입이 두 배가 되었다. 수입이 두 배로 늘어난 후에는 이제 생존이 아닌 인생의 자유를 지향하며 수입 10배로 목표를 재설정 했다.

"수입 10배 올리기", 이 정도 목표는 쉽고 간단해서 누구나 세울 수 있다. 가정의 수입이 10배 오르면 많은 것이 달라진다. 목표를 세우니 생각과 행동도 그에 맞게 변해갔다. 10배로 더 많이 사업에 대해 구상하고 아이디어를 찾고 10배 더 시도하게 되었다. 그렇게 몇 년간을 지속하니 거짓말처럼 목표를 세우기 전 수입의 10배가 되었다. 그리고 삶이 완전히 달라졌다.

여기서 중요한 것은 돈의 액수가 아니다. 통장 잔고 끝에 0을 하나 더 붙여도 돈의 액수는 사람을 변화시키지 못한다. 두 가지 사례를 생각해보자. 첫째, 친한 친구가 30억 원의 잔고가 있는 통장을 보여주었다. 둘째, 친척이 새로 이사한 30억 원짜리 고급 아파트에 집들이를 가서 그 아파트단지와 집 내부를 살펴보았다. 둘 중 어느 쪽이 우리의 감각을 더 자극할까? 전자는 이성적인 사고의 과정이 필요하고 후자는 인간의 근본적인 욕구를 자극한다. 그러니 내가 원하는 삶을 먼저 구체적으로 상상해야 한다. 내가 필요하고 갖고 싶고 원하는 삶을 먼저 설정하면 그다음 필요한 돈이 채워지는 순서이다. 이것은 절대 욕심이나 속물근성이 아니다.

사토 도미오의 책『진짜 부자들의 돈 쓰는 법』에는 지금으로부터

700만 년 전 인류의 조상 중 호모사피엔스만이 살아남을 수 있었던 이유가 나온다. 더 쾌적한 환경을 갖춘 장소를 찾아 살고자 하는 '꿈'이 있었고 계속해서 대규모 이동을 했기 때문이라고 한다. 실제로 한 장소에 집착한 인종들은 멸종되었다. 더 나은 환경을 원하는 것은 인류의 DNA 속에 오랫동안 유전되어온 당연한 욕망이고, 이로 인해 인류가 발전했다. 우리 조상들의 생존을 향한 대이동을 떠올려보자. 달성하고 싶은 목표가 먼저이다. 돈은 목표를 위한 수단이고 저절로 채워진다. 그러니 자신이 현재 어떤 환경에 처했든, 얼마의 돈을 가졌든 상관없이 먼저 자신이 원하는 인생을 꿈꾸고 바라고 원하라.

'돈'에 관한 두 번째 목표는 잉여자산을 만들어내는 것이다. 나에게 돈에 관한 인사이트Insight를 준 사람은 보도 섀퍼Bodo Schäfer

잉여자산을 만들어 투자하라!

이다. 그는 독일 출신의 세계적인 투자자이자 경영 컨설턴트이다. 26세 때 파산하였지만 재기에 성공하여 30세에 경제적 자유를 얻어 이자 수입만으로 생활이 가능할 만큼 부자가 되었다. 유럽에서 펀드와 주식으로 성공했으며 '머니 코치'로 알려졌고 작가·기업가· 강연가로 활동한다.

그는 저서 『돈』에서 "경제적 자유를 얻는 방법은 잉여자산을 만들어내는 일"이라고 설명한다. 수입에서 지출을 제하고 남은 잉여자산을 만들어 자산을 구입하는 데 투자해야 한다는 의미다. 급여 수입 외에 자산에서 나오는 이자(혹은 배당, 월세, 저작료, 라이선스 등) 수입만으로 생계가 가능하게 만들어야 한다. 이때까지는 절제와 저축이 필수이다.

언제 저축해서 목돈을 모을 수 있을지 의구심이 들기도 한다. 그런데 우리가 흔히 하는 말 중에 "돈이 돈을 번다"가 있다. 10억 원을 모으기 위해서는 우선 1억 원을 모아야 하고 1억 원을 모으기 위해서는 먼저 1,000만 원을 모아야 한다. 처음 1,000만 원을 모으는 것이 어렵지 그다음 1,000만 원을 모을 때는 처음보다 더 적은 에너지가 든다. 돈이 가진 중력 때문이다. 돈의 액수가 크면 클수록 돈을 끌어당기는 힘이 세진다. 하루하루 먹고살기도 바쁜데 10만~20만 원 모아 언제 목돈을 만드냐고 반문할 수도 있을 것이다.

접근 방식을 한번 바꾸어보자. 지금부터 한두 푼 모아서 미래에 내가 원하는 것을 이룰 수 있을지 의심으로 가득 찬 사람과, 미래에 내가 원하는 것을 이룬 나의 모습의 분명한 청사진을 갖고 언제일지 몰라도 그것을 누릴 준비를 하며 돈을 모으는 사람은 하늘과 땅 차이다. 전자는 회의적이지만 후자는 기대감에 매일 설렐 것이다. 그러니 지금부터라도 내 돈 그릇을 키워야 한다. 매달 10만~20만 원 모으는 것은 금액을 떠나 내 돈 그릇을 준비하는 행위이다. 처음에는 그릇이 작아도 된다. 매달, 매년 그렇게 돈 그릇을 키워가다 보면 그릇의 크기가 스스로 커지는 것을 경험하게 된다. 무엇보다 스스로 나의 삶을 통제하고 있다는 자신감이 생긴다. 혹시 아는가? 누군가 빌딩 위에서 돈다발을 던질지. 이때 당연히 그릇이 큰 사람이 그리고 많이 준비한 사람이 더 많이 주워 간다. 그러니 오늘 당장 적은 금액이라도 아무도 손댈 수 없는 자산 통장으로 옮겨놓아야 한다.

부자들은 자신의 노동으로 번 돈을 자산을 구축하는 데 모두 투자하고 투자 수익, 즉 월세나 이자같이 남이 번 돈을 가지고 자신의 생계를 영위한다. 이 개념은 『부자 아빠, 가난한 아빠』의 저자 로버트 기요사키Robert Kiyosaki도 똑같이 주장한다. 이것을 이해하지 못하면 우리는 평생 남을 위해 일하는 육체노동자로 살다가 죽을 수밖에 없다.

세 번째는 나 자신을 위한 돈 쓰기, 즉 자신에 대한 투자이다. 이 역시 워런 버핏Warren Buffett에게 배웠다. 버핏은 이야기한다. "자기 자신에게 투자하라. 그것은 누구도 뺏어 갈 수도 없는 가치를 만들어낸다." 사실 저금과 주식이나 부동산 투자 등을 통해 잉여자산을 만드는 일은 부수적이다. 이 모든 행위도 '나'라는 존재가 없으면 무의미하다. 쉽게 말해 돈을 많이 가져 '나'라는 존재가 빛나는 것이 아니라, 이미 존귀한 '나'를 더 빛나도록 돕는 역할을 돈이 해야 한다. 내가 가장 먼저이다. 그러니 우선 자신의 성장을 위해 자신에게 투자하는 것이 가장 중요하다.

겉을 꾸미고 가꾸는 것도 물론 자신에 대한 투자이지만, 여기서 자신에 대한 투자는 '삶의 의미'를 찾는 과정에 더 가깝다. 보도 섀퍼 또한 "배우고 성장하는 것은 자신이 살아 있음을 느끼는 가장 확실한 길"이라고 이야기한다. 배우고 성장하는 것, 즉 내가 살아 있다는 것을 증명하는 행위 자체가 삶의 의미를 찾는 길이다. 삶의 의미를 찾는 '자기 성장'을 위해 우리 자신에게 투자해야 한다.

나는 독서가 사람을 성장시키는 가장 빠르고 쉽고 저렴한 방법이라 믿는다. 그 외에도 자신을 성장시킬 수 있는 사람과 만나고 세미나에 참석하고 여행을 하는 등 다양한 방법이 있다. 하지만 다른 사람도 쉽게 할 수 있고 나도 쉽게 할 수 있는 일을 하는 건 절대적 성장이 아니다. 결국 성장이라 함은 '내가 누구인가?'라는 질문의 답을 찾는 과정이기도 하다. 결국 '나다움'을 발견하는 것이 자신에 대한 투자의 최종 목적이다. '나다움'은 자신이 대체 불가한 존재라는 것을 인식하는 과정이다. 대체 불가능한 가치에 투자한다면, 결국 세상 사람들은 우리가 제공하는 가치에 기꺼이 돈을 지불하게 된다. 그래서 나만 할 수 있는 유일함에 대한 투자는 나는 누구인가에 대한 답을 찾는 것이기도 하다.

외식 사업을 하는 사람은 흔하다. 하지만 외식 사업을 하며 나다움을 찾고자 책을 쓰는 사람은 드물다. 그래서 한국까지 가서 글쓰기 과정에 등록해 수업을 들었다. 고가의 수업 비용과 비행깃값을 지불하며 나 자신에게 투자했다. 적지 않은 금액이었지만 아깝지 않다. 자본주의 사회에서 가장 많은 대가를 지불하는 대상은 '희소성'이다. 어디서나 구할 수 있는 것은 가치가 낮다. 하지만 희소한 것은 가치가 크다. 우리는 모두 각자의 '다움'을 가지고 있다. 그래서 자신만의 '나다움'을 발견하기 위해 걷는 모든 과정을 통해서만 가치가 발생한다.

"당신의 수입은 당신이 경제 시장에 얼마만큼 기여하느냐 하는 것과 거의 정확하게 일치한다. 경제 시장은 당신을 미워하지도 예뻐하지도 않는다. 당신의 가치만큼 당신에게 지불한다." 보도 섀퍼의 말이다.

마지막 목표는 남을 위한 돈 쓰기다. 많은 사람이 수단에 지나지 않는 돈을 목적으로 착각해서 돈을 버는 일에만 매달리고 있다. '돈이 있어야 행복하다, 돈을 많이 벌어야 성공한 것이다'라는 구시대 편견에 빠져 돈을 벌고 모으기에 인생의 모든 것을 걸고, 심지어는 가족과 친구들에게서 등을 돌리기도 한다. 이런 삶은 돈의 노예이지 돈의 주인이 아니다. 돈은 목적이 아니라 내가 원하는 삶을 살고 꿈을 이루기 위한 수단에 불과하다. 돈은 가지고 있을 때가 아니라 사용할 때 가치가 생긴다.

돈을 잘 쓰는 법을 알고 싶었다. 인생을 충만하게 보내고, 일도 놀이도 즐기면서 행복한 인간관계 속에서 내가 원하는 때에 원하는 곳에서 원하는 사람들과 함께 일하는 것을 나의 목표로 삼았다. 선한 부자가 되고 싶었다. 그 열쇠는 '돈을 버는 법'이 아니라 '돈을 사용하는 법'에 있음을 알게 되었다.

내가 어릴 때 부모님께서는 그리 넉넉하지 않은 형편에도 끊임없이 남에게 돈을 쓰셨다. 다니는 교회 목사님께 명절마다 구두 상품권을 선물하고 당신들은 값싼 음식을 드시면서도 목사님들이나 소외되고 아픈 사람들을 찾아갈 때는 가장 좋은 고기나 과일 상품을 선물하셨다. 목사님들이 경제적 어려움이 있을 때마다 다른 사람이 보이지 않게 돈 봉투를 건네는 모습도 자주 보았다. 기도원이나 교회에 고가의 물건들, 스피커나 악기를 헌물하시기도 하셨다. 이것을 보면서 '꼭 저렇게 하셔야 하나'라는 생각이 든 적도 있었다. 하지만 평생 자라면서 본 것이 내 무의식 속에 자리 잡았다. 성인이 된 후 어느 순간부터 나도 모르게 부모님을 따라 하고 있었다.

남을 위한 돈 쓰기를 이해한 후부터 주머니에 현금을 넣고 다니는 습관이 생겼다. 길거리에서 흔히 마주치는 노숙인들을 돕기 위해서다. 영국 화폐 1파운드는 현재 환율로 1,600원가량이다. 슈퍼

주는 삶이 행복하다.

마켓에서 웬만한 빵 하나 정도 살 수 있는 돈이다. 물론 이렇게 돕는다고 해서 걸인들의 삶이 변하지 않음을 잘 알고 있다. 자립할 수 있도록 돕는 국가 차원의 정책이 필요하지만, 그건 지금 당장 내가 할 수 있는 일이 아니다. 그들이 빵이라도 사 먹으며 배고픔을 달랠 수 있다면 지금 내가 할 도리를 다한 것이다. 그래서 번거롭지만, 주머니에 1파운드나 2파운드짜리 동전들을 항상 챙겨 다닌다. 일부러 걸인들을 찾아가지는 않지만 보이면 그냥 지나치지 않는다. 이건 동전이 아니라 씨앗이다. 언젠가 심은 씨앗이 싹을 내고 자라 나무가 되고 다시 열매가 되어 나에게 부메랑처럼 돌아올 수 있다.

지인이 암으로 투병 중이다. 오랜 이민 생활 후 이제 좀 편히 지낼 나이인데 갑작스레 찾아온 병으로 고통을 겪고 있다. 나보다 한참 어른이지만 식사를 대접하며 위로했다. 수술 날짜가 잡혀 홀로 고

독하게 시간을 보낼 것 같아 좋아하는 음식을 알아보아서 바리바리 싸 들고 찾아갔다. 그리고 함께 기도했다. 나는 주변에 질병이나 외로움으로 고통받고 있는 사람이 있으면 무조건 찾아가 식사를 대접하며 위로한다. 얼마 전에도 매장 옆에 사는 나이가 지긋한 그리스 출신 할아버지가 사고를 당해 수술했다는 소식을 듣고 음식을 싸 들고 찾아가 병문안을 했다. 그럴 때면 말로 할 수 없는 기쁨을 느낀다. 남을 기쁘게 했는데 오히려 내가 위로받는다.

이타적인 삶이 가장 이기적인 것이다. 무슨 대가를 바라고 선을 베푸냐고 반문할 수 있겠지만, 아무것도 심지 않고 열매를 바라는 것이 '악'한 것이지, 열심히 씨를 심고 때가 되어 추수하는 것은 이 세상을 작동시키는 가장 기본적인 원리다. 그것이 '선'이다.

성공한 사람들이 어떤 공통짐을 가지고 있나 궁금해서 공부했던 적이 있다. 그런데 약속이라도 한 듯 성공한 사람 대부분이 재산은 물론 재능과 시간을 사회에 기부하고 환원하였다. 이런 건 나중에 따라 하겠다고 하면 절대 못 한다. 즉시, 바로 실행하는 것이 좋다. 내가 좀 더 벌면 혹은 삶의 여유가 생기면 그때 하겠다고 하지만 그때란 영원히 오지 않는다. 그때가 되면 또 다른 변명거리가 생긴다. 실천은 환경의 문제가 아니라 마음의 문제이다.

지금의 나는 부모님이 평생에 뿌린 그 씨앗의 열매를 먹으며 살고 있다. 어른들이 평생 남에게 베푼 덕분에 내가 지금까지 온 것이다. 내가 잘해서 된 것이 아니라는 것을 안다. 그것을 알기에 나는 가장

이기적인 행동으로 이타적인 삶을 살고 있다. 우리 모두 미래를 위해 돈을 아끼며 저축하고 투자하지만, 우리에겐 이 땅에만 은행 계좌가 있는 것이 아니다. 저 하늘에도 우리가 이 땅에서 나누고 베푼 것이 쌓이는 은행 계좌가 있다. 이것을 아는 것이 신비다. 워런 버핏은 이야기한다.

"오늘 누군가가 그늘에 앉아 쉴 수 있는 이유는 오래전에 누군가가 나무를 심었기 때문이다Someone's sitting in the shade today because someone planted a tree a long time ago.

자본주의 시대를 살아가며 '돈'의 성질을 이해하지 못하면 돈을 주인으로 모실 수밖에 없다. 돈이 주인이고 내가 돈의 하인이 되는 것만큼 끔찍한 일도 없다. 돈을 꼭 붙잡고 흘려보내지 않으면 썩게 마련이다. 우선은 자신과 가족을 보호하고 자유를 누리기 위해 사용해야 하고, 그다음은 누군가 잠시 쉬어 가고 용기를 얻어 다시 일어설 수 있도록 돕는 일에 사용해야 한다. 돈이 주인이 되면 이를 절대 깨닫지 못한다. 돈은 쫓아가는 것이 아니라 쫓아오는 것이다. 그러니 돈만큼 좋은 하인도 없다. 세상의 모든 것은 우리 자신을 위해 존재한다. 돈도 마찬가지다. 편함과 불편함의 사이에서 선택할 수 있는 자유를 위한 도구 중에 '돈' 만큼 좋은 것도 없다.

내가 만나는 사람이 내 인생이 된다

△

2010년 첫째가 태어나고 아내가 9개월가량 출산휴가를 보낸 후 회사로 복직했다. 그때부터 둘째가 태어나던 2012년 후반기까지 약 2년간 아내를 대신해 전업주부로 아이를 키웠다. 나는 밖으로 나가서 장사하고 돌아다녀야 직성이 풀리는 사람이다. 이런 내가 2년 이상 집에 갇혀 아이를 돌봐야 했으니 정신적으로 얼마나 힘이 들었는지 상상이 될 것이다. 30대 중반의 나이에 직업도 없이 아기를 돌보고 있는 자신이 한없이 한심하고 초라해 보였다. 직장으로 돌아가 다시 돈을 벌어야 하는 아내에게도 미안했다. 한편으로는 '세상에서 직접 자신의 아이를 몇 년씩 전업으로 키울 수 있는 아빠가 몇 명이나 되겠어'라고 스스로 달래봤지만, 위로는 오래가지 못했다. 아이가 잠든 틈을 이용해 성공한 사업가의 책이나 자기계

발에 도움이 되는 유튜브 영상을 봤다. 그렇게라도 해야만 약간의 위안이라도 얻을 수 있었다.

내가 시간이 날 때마다 즐겨 보던 프로그램은 KBS 〈글로벌 성공 시대〉였다. 해외에서 성공한 한국 사람들을 소개하고 그들의 스토리를 전하는 내용이다. 2011년부터 2013년까지 방영된 114편의 영상 중에 유튜브에 올라오지 않은 몇 편을 제외하고 100편 가까이 되는 영상을 다 보았다. 아이를 재워놓고 짬이 날 때마다 시청했다. 그 후로도 시간이 날 때마다 영상을 즐겨 보았다.

흥미로운 스토리가 많았지만, 가장 큰 관심을 끈 사람은 94번째 주인공인 베트남의 첫 사회적 기업 코토KOTO의 창업자이자 대표인 지미 팸Jimmy Pham이다. 한국인 아버지와 베트남인 어머니 사이에서 태어난 혼혈아로 한국 이름은 문용철이다. 베트남에서 태어났지만, 호주에서 자랐다. 호주에서 대학교를 졸업하고 베트남으로 돌아와 여행 가이드를 하던 중 길거리에서 수많은 위기 청소년을 보았다. 그는 해체된 가정에서 자란 아이들이 빈곤에 시달리고 일해도 제대로 된 대우를 받지 못하는 현실을 마주했다. 이후 자신이 가진 유일한 돈인 200호주달러(약 18만 원)로 9명의 길거리 청소년을 돕기 시작했다. 하지만 먹이고 재우는 것만으로는 이들의 삶이 변하지 않았다. 자립하여 일상을 유지할 수 있는 직업을 갖는 것이 중요했다. 지미 팸은 청소년들이 스스로 돈을 벌어 자립할 수 있는 회사를 만들겠다고 결심하고 4평짜리 조그마한 샌드위치 가게 '코토'를 열었다.

코토는 자립 의지가 있는 청소년들에게 2년의 교육 기간에 영어, 요리, 관광 가이드 등 전문 직업 교육을 제공한다. 학교에서 배우지 못하는 의사소통 기술과 책임감 등 인성 교육도 진행해 원만한 사회생활을 할 수 있도록 돕는다. 회사의 이름인 코토KOTO, Know One Teach One가 회사의 목표이자 기업 가치다. '하나를 알면 하나를 가르친다'라는 가치는 이곳을 거친 위기 청소년들에게 나눔의 진정한 의미와 그로 인해 얻게 되는 행복으로 받아들여진다. '자신만 생각하지 말고 전 세계를 향해 도움을 줄 수 있는 사람이 되어라!'라는 메시지가 코토의 핵심 가치다. 이는 아이들의 생각을 변화시켜 누군가를 도울 수 있는 사람으로 변화시킨다. 실제 수천 명의 졸업생이 베트남 곳곳의 호텔과 레스토랑에 취업해 삶이 번했다. 그중 상당수는 다시 코토로 돌아와 재학생을 가르치거나 멘토가 되기를 자청한다. 지미는 "아이들이 잘 살 수 있게 돕는 것이 내 운명"이라고 말한다. 한 사람 한 사람을 귀하게 여기는 모습을 그에게서 보았다. 이러한 지미 팸의 스토리에 고무된 나는 언젠가 기업을 하게 되면 돈만 버는 사업이 아니라 '사람을 살리는 사업'을 하리라 다짐했다.

몇 년 후 런던에서 베트남 쌀국수 가게를 열 계획을 세웠다. 엑스퍼X-Pho라는 브랜드도 만들었다. 런던 사람들의 한 끼 식사를 책임지며 영혼을 채우는 구휼 음식을 팔겠다고 만든 이름이다. X는 십

코토 하노이 센터(위)와 설립자 지미 팸(아래)

자가를 의미한다. 베트남 하노이를 방문해 쌀국수 본고장에서 맛을 제대로 보고 느끼고 싶어 하노이행 비행기 표를 끊었다. 베트남행을 앞두고 지미를 떠올렸다. 엑스퍼는 지미 팸의 스토리에서 시작되었다고 해도 과언이 아니었다. 그에게 이메일을 보냈다. 답장이 올 것이라 크게 기대하진 않았다.

친애하는 지미 팸 씨,

당신의 인생 스토리는 저에게 많은 도전이 되었습니다. 런던에서 베트남 쌀국수 사업을 하려고 합니다. 당신이 가진 사업의 철학과 같이 저 또한 '사람을 귀하게 여기고, 사람을 살리는 사업'을 해보고 싶습니다. 함께 가치를 공유하고 도움을 줄 수 있는 파트너십을 맺고 싶습니다. 2018년 5월 하노이에 방문할 예정이니 한번 만남을 갖고 싶습니다.

영국 런던에서 이영훈.

며칠 뒤 꿈 같은 일이 벌어졌다. 담당자인 흉Huong으로부터 반가운 소식을 담은 답변이 왔다. 몇 주 뒤 베트남 하노이에 위치한 코토 본점에서 지미 팸을 만날 수 있었다.

"안녕하세요"라고 나를 반기며 인사하는 지미 팸은 TV에서 본 것처럼 키가 작고 땅딸한 체형의 중년 남성이었다. 재치가 있고 농담을 즐기며 나를 편안하게 해주려고 노력했다. 2시간 동안 같이 식사를 하며 얘기를 나누었다. 10대 후반으로 보이는 학생들이 식사 내

내 직접 서빙을 했다. 레스토랑의 수익은 100% 코토 재학생들의 교육을 위해 사용된다. 기부의 의미로 음식 가격이 비교적 비쌌다. 그만큼 음식의 품질과 디스플레이도 우수했다. 메인 코스를 먹으며 어느 정도 식사가 끝나갈 무렵 내가 먼저 입을 열었다.

"런던에서 쌀국수 사업을 해보고 싶습니다. 브랜드는 엑스퍼X- Pho입니다. X는 기독교의 십자가를 의미하는데, 음식을 파는 것이 아니라 사람들의 내면의 허기를 채우는 '영혼의 닭고기 수프'를 제공하고 싶습니다. 쌀국수로 도시 생활에 지친 런던 사람들을 위로하고, 수익의 일부를 동남아시아 국가에서 교회와 병원과 학교를 짓는 일에 쓰고 싶습니다. 기회가 된다면 그 수익의 일부를 코토와 나누고 싶기도 합니다."

마음속에 오랫동안 간직하고 꿈꿔온 정말 해보고 싶은 사업에 관해 이야기하자니 마치 초등학교 시절 단상 앞에 나가 '장래 희망'을 이야기하는 것 같은 느낌이 들었다. 나의 진정성을 보았는지, 지미는 자신이 사업을 시작하게 된 계기, 코토 운영 방식 등을 들려주었다. 방송을 통해 이미 알고 있는 내용이 많았지만, 지미의 육성으로 직접 듣는 이야기는 감회가 새로웠다. "자신만 생각하지 말고 전 세계를 향해 도움을 줄 수 있는 사람이 되어라!"라는 지미의 말에 영감을 받았다. 그 이후 '나눔'이 내 삶의 가장 중요한 핵심 가치 중 하나가 되었다.

인생에 있어서 좋은 선생을 만나는 것보다 큰 복이 없다. 좋은 선생이라고 해서 꼭 나이가 지긋한 백발 거장일 필요는 없다. 나이가 어려도 배울 점이 많은 사람이 있다. 책이나 TV, 유튜브, SNS 등을 통해 수많은 사람과 만나고 연락할 수 있다. 이런 시대에 태어난 것이 너무 감사하다. 훌륭한 스승과의 만남을 통해 우리는 성장할 수 있다.

지미 팸을 만난 후 사람을 만나는 것에 재미가 들었다. 그 뒤로 『파리에서 도시락을 파는 여자』의 저자이자 글로벌 기업 켈리델리의 켈리 최 회장, 『레버리지Leverage』의 저자이자 영국 최대 부동산 회사 프로그레시브 프로퍼티Progressive Property의 대표 롭 무어Rob Moore를 직접 찾아가 만났다.

평소 만나기 어려운 사람들을 직접 만나고 나서 깨달은 것이 있다. 책으로 만난 사람의 메시지는 빨리 증발해버리지만, 직접 찾아

켈리 최 회장과 함께

가 만난 사람들의 메시지는 내 삶 속에 오랫동안 남는다는 것이다. 옷깃만 스쳐도 인연이라는 말이 있는데, 서로가 눈을 마주치고 악수하며 피부를 맞닿았다는 것은 인연 이상의 관계라는 뜻이기도 하다. 한 사람이 내 삶 속에 들어온 것이다.

물론 만나고 싶은 사람에게 연락한다고 무조건 만남이 이루어지거나 답변이 오는 것은 아니다. 내가 상대방을 만나고 싶은 이유와 연락하는 이유가 분명해야 한다. 즉 명분이 있어야 한다. 무턱대고

"만나고 싶어요" 혹은 "연락 주세요" 등의 명분 없는 일방적인 요구를 한다면 오히려 만남의 기회를 앗아가 버릴 수 있다. 소통이 중요하다. 예를 들어 "선생님의 책과 글을 읽고(혹은 스토리를 듣고) 도전을 받아 새로운 일을 시작하는 누구입니다. 이런 고민이 있는데 어떤 어려움을 겪고 있어 관련된 조언을 주시길 간절히 부탁드립니다" 등 진정성과 정중함이 동반되어야 한다.

더 확실한 방법은 절박함이다. 지미 팸을 만나기 위해 베트남에 가고, 롭 무어를 만나기 위해 먼 곳에서 열린 그의 세미나에 참여했다. 켈리 최 회장을 런던에서 만나긴 했지만, 허락만 얻는다면 최 회장의 집이 있는 포르투갈에 갈 생각이었다. 그 외에도 내가 만나고 싶은 수많은 사람에게 메시지를 보냈다. 그중 대표적인 사람이 이지성 작가이다. 대면으로 만난 적은 없지만, SNS나 메시지로 지금도 소통을 이어가고 있다. 내가 중요하게 생각하는 인생의 가치들, '도전', '열정', '기업가 정신', '나눔'을 실천하고 있는 사람이기에 그와 소통하고 싶었다. 영국 런던에서 외식 사업을 하고 있으며, 앞으로 '나눔'의 가치를 실현하는 사업을 해보고 싶다고 소개하니 관심을 가지고 이것저것 물어보고 응원해주었다. 사소하게 주고받은 문자에도 엄청난 에너지가 발생한다.

지구 반대편에서도 나와 같은 생각, 같은 꿈, 같은 미래상을 가지고 행동하는 사람이 있다는 사실만으로도 위안이 된다. 이 모든 행동은 내 삶을 바꾸어보고 싶고 제대로 한번 살아보고 싶은 갈망의 발현이기도 하다. 행동하면 반드시 만남의 기회를 잡을 수 있다. 만남 후에는 그들처럼 살고 싶어진다. 그리고 언젠가는 진짜 그들처럼 된다고 믿는다. 지금 누군가를 열렬히 만나고 싶다면, 그 사람이 곧 당신의 미래이기 때문이다. 그러니 만날 사람은 반드시 만나게 돼 있다.

독서, 인생을 바꾸는 가장 좋은 방법

△

현재 운영하는 외식 사업을 포함하여 영국에서 했던 장사와 사업을 모두 세어보면 12가지다. 영국에서의 17년 중 어학연수와 학위 과정 5년의 시간을 제외하면(물론 공부하면서도 장사를 했다) 10년여 동안 거의 1년에 한 번꼴로 새로운 시도를 했던 셈이다. 그중에서 가장 힘들었던 시기는 단연코 2012년 캠던 마켓에서 운영했던 여성 의류 사업이 실패한 후다. 사업이 망한 건 둘째치고 한국과 영국의 지인들에게 졌던 빚을 그 뒤로도 수년에 걸쳐 갚아야만했다. 이런 과정을 거치면서 자연스럽게 다른 사람들의 실패와 실패 극복 스토리에 관심이 갔다. 한번은 우연히 보았던 책에서 미국의 영화배우 윌 스미스Will Smith가 '운동과 독서'로 실패를 극복했다는 내용을 읽었다. 그것이 자극제가 되어 독서를 시작했고 그 뒤로 많은 인생의 멘토를 만나면서 그들이 공통적으로 했던 것이 독서인 것을 알게 되어 본격적으로 책을 읽기 시작했다.

빈번한 사업 실패 후 책을 읽는 것 이외에는 마땅히 할 수 있는 게 없었다. 그나마 책을 읽는 동안에는 현실을 잊을 수 있고 사치스럽게 꿈을 꾸고 희망을 품을 수 있었다. 그러니 책을 손에서 놓을 수가 없었다. 어느 날 우연히 『꿈꾸는 다락방』이란 책을 읽고 이지성 작가를 알게 되었다. 총 300만 부가 넘는 판매를 올린 베스트셀러 작가 이지성도 나와 비슷한 어려운 과거를 경험했다. 부모님이 원금 4억 원의 빚을 지고 이자가 늘어나 20억 원이 되었는데, 이것을 부모님을 대신해 떠안고 판자촌 옥탑방에서 작가의 꿈을 꾸었다. 자는 시간 빼고는 하루 모든 시간을 책을 읽고 필사하는 데 보냈다. 7년 동안 2,500권의 책을 읽었고, 그래도 삶이 나아지지 않자 스물여덟부터는 '목숨을 건 생존 독서'를 했다고 한다.

이지성 작가는 한 강연에서 이렇게 이야기한다.

"한 사람의 인간으로서 경제적·사회적 지위가 바로 서고 나서 '어떤 인생을 살 것인가'라는 고민과 함께 독서를 해야 의미가 있어요. 대안 없이 책만 읽는 것은 조선 시대에 책 읽는다는 핑계로 인생을 낭비하는 양반들과 다를 바가 없죠. 사실 저도 처음 책을 읽을 당시에는 그랬어요. 맹자의 호연지기를 본받아야겠다고 결심은 했지만 실천하는 아무런 행동을 취하지 않았죠. 그렇게 7년간 책을 읽었지만 결과는 빈민가 단칸방에서 원금만 4억 원이 넘는 빚더미에 않는 것이었어요."

책 읽기 안에 어떻게 살 것인가에 대한 고민이 깃들어야 한다는 것이었다. 삶으로 행해지지 않는 지식은 죽은 것과 다름이 없다. 행함이 있어야 그 지식이 비로소 완성된다. 그래서 행함을 중요하게 생각하는 이 작가의 생각이 '열 번의 고민보다 한 번의 행동이 낫다'는 나의 생각과 일치해 동질감을 느꼈다. 그 뒤로 이 작가의 책을 모조리 구해서 읽었다. 이지성 작가는 지식만을 얻는 독서가 아니라 삶을 변화시키는 독서를 강조한다. 머릿속에만 머무는 지식이 아니라 삶을 변화시키는 지혜를 책으로부터 얻을 때 진정한 독서라고 할 수 있다. 그리고 그 모든 것이 행함으로 드러나야 한다고 이야기한다. 이지성 작가는 『일독』이라는 책의 말미에서 "내가 왜 태어났는지, 어떻게 살아야 되는지를 깨닫고 그 깨달음을 몸소 실천하는 삶을 살아가길 바랍니다"라고 당부한다.

만 권 이상의 책을 읽고 수십 권의 책을 쓴 성공한 중년 작가의 부탁이 내 귀에는 '제발 책 좀 읽고 좀 더 괜찮은 사람이 되어 세상을 향해 의미 있는 삶을 살아가세요'로 들린다. 실패를 극복하고 앞으로 나아가고 싶었다. 나도 실패만 하는 인생이 아니라 성공하는 인생을 살고 싶다고 생각했다. 나에게 독서를 해야 할 또 다른 명분이 생긴 것이다. 그래서 나도 '우선 100권의 책을 읽어보자'라고 결심했다. 독서 리스트를 만들고 날짜와 제목과 저자의 이름을 기록하였다. 한 칸 한 칸 채워가는 기분이 꽤 괜찮았다. 따로 책을 읽겠다고 작심하고 시간을 내는 게 쉽지 않았다. 그래서 출퇴근할 때 지하철 안에서 책을 읽었다. 약속 중간중간에 시간이 남으면 카페에 앉아 무조건 책을 읽었다. 신기하게도 이동 중이나 짬이 나는 시간에 독서를 하면 집중이 잘되었다.

좋은 글은 필사했다. '시골 의사'로 잘 알려진 박경철 씨의 문체는 간결하면서도 힘이 느껴져 그것을 따라 하고 싶었다. 그래서『자기혁명』이라는 책을 서너 번 읽고 한 번 필사했다. 세계 1위 도시락 회사 스노우폭스 김승호 회장의『알면서도 알지 못하는 것들』이라는 책은 사업가로서의 기본 자질을 배울 수 있었다. 이 책도 한 번 필사했다. 세종대왕의 독서법으로 '백독백습百讀百習'이 잘 알려졌다. 읽는 것만으로는 온전한 독서가 되지 않고, 필사할 때 비로소 온전한 독서가 된다고 한다. 작가의 문체가 내 속으로 들어오는 것은 물론, 그 사람의 생각이 나에게 전달되는 묘한 경험을 했다. 어느 순간, 박경철 작가와 김승호 회장이 즐겨 쓰는 문체들을 나도 모르게 쓰고 있는 것을 발견했다. 한 사람의 생각과 사상이 글로써 다른 사람에게 전이된 것이다.

그렇게 2년 만에 책 100권 읽기 목표를 이뤘다. 물론 쉬운 과정은 아니었다. 책을 읽기 시작하고 6개월 그리고 1년이 넘어가도 이상하게 1년에 10권을 읽기가 쉽지 않았다. 처음엔 책 읽는 습관이 없어서 그렇겠지 생각했다. 그런데 어느 날 우연히 유튜브 영상에서 주노헤어 강윤선 대표의 강연을 봤다. 평소 독서 경영을 주장하며

목표를 세워서 독서하라!

직원들에게 독서를 강조히는 강 대표의 사입 철학이 인상 깊었다. 그녀는 독서만이 사람을 변화시킬 수 있다고 역설했다. 그리고 독서에 성공하는 방법은 목표를 설정하고 그 목표를 잘게 쪼개는 것이라고 말했다. 비로소 내 독서 실패의 원인이 무엇인지 알게 되었다. 목표가 없었던 것이다. 그것도 하루하루의 목표 말이다. 책의 총 페이지 수를 헤아려서 이 책을 일주일 만에 읽겠다고 결심하였으면 페이지 수를 7로 나누면 하루에 읽어야 할 분량이 나온다. 그것이 하루 목표가 된다. 그 이후 책 제목과 날짜, 읽은 분량을 기록하기 위한 계획표를 만들었다. 도움이 많이 되었다. 그렇게 차츰차츰 독서가 습관이 되어갔다.

100권의 책을 읽은 뒤로 조금 특별한 경험을 했다. 생각을 할 수 있게 되었다. 그동안은 관성에 따라 살았다. 본능에 충실했던 삶이었다. 늘 하던 행동을 하고, 늘 하던 생각을 하고, 늘 하던 말을 했다. 그런데 책 읽기를 시작하고 사고思考를 할 수 있게 된 것이다. 내 생각이 생긴 것이다. 나 자신이 어떤 사람이고 무엇을 잘하고 무엇을 원하는지 알게 되었다. 그러면서 나의 삶 속에서 새로운 어휘가 들어왔다. 그동안 사용하지 않았던 다른 레벨의 언어를 취하고 사용하기 시작했다. 말의 격, 즉 언격이 생긴 것이다. 말은 곧 그 사람이다. 내가 자주 쓰고 표현하는 '말'이 내가 어떤 생각을 하고, 어떤 인생을 살아가며, 어디로 나아가는지를 대변해준다. 새로운 말을 발견하고 사용하는 것이 내 인생에는 혁명과 같은 일이었다. 평생을 남이 만들어놓은 언어의 틀 안에서 매번 사용하는 말을 쓰다 보니 그 속에서 사고할 수밖에 없었다. 그런데 독서를 통해 새로운 어휘, 즉 '말'이 내 인생에 들어오면서 생각의 지경이 넓어졌다. 다른 것을 생각하고 다르게 생각하다 보니 다른 사람이 되어갔다.

그리고 그동안 남이 만들어놓은 기준 안에서 살아왔다면, 이제는 독서로 내 인생을 주도적으로 살아갈 수 있게 되었다. 다시 말해 '자유의지'가 생긴 것이다. 나 스스로 생각하고 판단할 수 있는 능력이 생겨서 나의 삶을 스스로 디자인할 수 있게 되었다. 그동안 열심히 살아 생존하는 것이 삶의 목표였다면, 이제는 한 인생의 주체로서 자유롭게 생각하고 행동하고 판단하는 것이 삶의 목표가 되었다. 남은 인생을 남이 만들어놓은 한계 안에서 살고 싶지 않다. 인생의 한계를 넘어 내 삶을 온전히 창조해가는 것, 독서를 통해 얻은 가장 값진 선물이 이것이다.

독서는 언어를 낚는 낚시와 같다. 책을 읽는 것은 단순히 지식 습득을 위한 행위가 아니다. 다른 사람의 세계를 관찰하고 그 사람이 사용하는 언어를 낚아 올리는 것이다. 한 사람의 다른 언어를 가진다는 것은 곧 그 사람의 경험 세계를 공유하는 것과 같다. 잘 읽고 잘 듣는 사람이 성공하던 시대에서 이제는 잘 말하고 잘 쓰는 사람이 대중을 움직이는 시대가 되었다. 우리는 끊임없이 말하고 쓴다. 이메일로, SNS로 그 외 여러 다양한 채널을 통해 말하기와 쓰기를 반복한다. 그 행위의 중심에 있는 것이 곧 언어이다.

내 언어의 한계가 곧 나 사신의 한계이다. 그래서 독서는 곧 나 자신의 한계를 넘어서는 가장 적극적인 행위이다.

"자신의 언어의 한계가 곧 자신의 한계다."

루트비히 비트겐슈타인Ludwig Josef Johann Wittgenstein

나는 어떤 사람이 되어야 하는가?

△

　　중학교 2~3학년 때 소위 불량하다고 일컬어지는 친구들과 어울려 다녔다. 나이만 어렸지 성인들이 하는 행동들을 똑같이 따라 했다. 마음속으로는 '이건 아닌데'라고 생각했지만, 아무런 꿈도 목표도 없는 나에게 힘 있어 보이는 친구들의 행동은 매력적으로 보였다. 친구들과 어울려 여기저기에서 사고를 치고 다니다 보니 중학교 시절 부모님 속을 꽤 아프게 했다. 담임 선생님의 호출로 학교에 자주 오셔야 했고, 그때마다 어머니는 "죄송합니다"라고 말하며 선생님께 머리를 숙여야 했다. 어두웠던 중학생 시절, 나는 그것을 '방황'이라 생각하였다.

　　지금 생각해보면 그건 '방황'이 아니라 '방종'이었다. 방황은 실존에 대한 깊은 고민과 그에 따른 노력이 반드시 뒷받침되어야 한다.

인간의 방황을 논파한 괴테의 동상

하지만 방종은 제멋대로 행동하고 거리낌이 없으며 충동적이고 본능적 행위이다. 타인에게 피해를 끼치기도 한다. 방종은 소모적이고 현재에 머무르는 데 반해 방황은 생산적이고 미래 지향적이다. 다행히 중학교를 졸업하고 인문계 고등학교로 진학하며 자퇴와 퇴학으로 중학교를 졸업하지 못한 그 친구들과 자연스럽게 멀어졌다.

"인간은 지향이 있는 한 방황한다Es ist der Mensch, solange er strebt."

대문호 괴테Johann Wolfgang von Goethe가 60년에 걸쳐 쓴 작품『파우스트Faust』를 한 줄로 요약한 문장이다. "인간은 노력하는 한 방황하는 법이니라"라는 마지막 구절로 번역된 문장이기도 하다. 'strebt'이 문자적으로 '추구하다, 노력하다, 애쓰다'라는 뜻으로 쓰였다.

1790년도 독일 지성인들 사이에서 유행한 단어이기도 하다. 핵심적인 메시지는 '방황은 노력의 증거'라는 것이다.

이런 의미에서 사업에서의 방황도 반드시 있어야 한다. 하지만 방종과는 구분되어야 한다. 외식 사업을 하면서도 단가를 낮추기 위해 싼 식재료를 사용하거나, 고용을 줄이거나, 직원들의 복지나 주방 위생 관리에 필요한 비용을 줄여야겠다는 충동이 생길 수 있다. 그냥 적당히 대충 넘어가면 아무도 모른다. 그러나 이것은 내가 중학교 시절 바람직한 길은 아니지만 매력적이고 좋아 보이는 길을 선택했던 것과 같은 '방종'이다. 나는 '사업을 왜 하는가'에 대해 깊이 고민해왔다. 영국 생활 초기에는 생존이 목적이었다. 그때는 남을 생각할 여유가 없었다. 내 식구가 굶을 지경이니 남이 눈에 들어오지 않았다. 그들은 밟고 올라서야 할 경쟁 상대이자 견제의 대상이었다. 돈 벌어 내 주머니만 채우기에 골몰하였다. 그렇다 보니 언제나 '내'가 먼저였다. 그런데 어느 날 이건 아니라는 생각이 들었다.

회사는 영어로 컴퍼니Company이다. Company의 어원을 살펴보면 'Com'은 '함께'라는 뜻이고 'Panis'는 '빵', 즉 음식이라는 뜻이다. 컴퍼니는 '한솥밥'을 먹는 사람인 식구를 의미한다. 지금 나와 함께 일하는 식구들이 15명가량이다. 사장의 잘못된 결정과 실수가 곧 직원들과 그들의 가족에게까지 영향을 미친다. 그뿐 아니다. 서비스업의 특성상 직원들의 감정은 곧 고객들에게까지 직접적 혹은 간접적으로 표출된다. 그러니 사장이라는 존재는 결국 고객들과 연결되는 셈이다. 나를 통해 수십 명 혹은 수백 명에게까지 영향이 미치게 된다는 사실을 인식하니 사장은 제 주머니 채우는 사람이 아니라 사람을 돌아봐야 하는 사람이라는 데 생각이 미쳤다. 그래서 "사업은 사람 장사"라는 옛말이 있는가 싶다. 그러니 직원들의 건강과 컨디션을 챙기고, 이들이 나와 함께함으로써 더 성장하고 행복해지는 것은 '사장'으로서 해야 할 첫 번째 의무이다. 이 의무를 지킬 것인지, 아니면 무시할 것인지에 대한 사장으로서의 고민이 바로 '방황'이다.

우리 직원 중에 수셰프Sous Chef(부주방장)와 주방 보조로 일하는 직원 3명은 알제리 이민자 출신 청년들이다. 이들의 영어는 유창하지 않다. 그래서 늘 간단간단한 영어 단어와 보디랭귀지로 의사소통을 한다. 이렇게 어설프게 대화를 하지만 문제없이 의사가 전달되어 지금까지 큰 사고 없이 함께 일하고 있다. 이들은 한 달 한 달 벌어 물가 비싼 런던에서 방값과 생활비를 제외하고 남은 돈은 고향 알제리에 있는 가족들에게 보낸다. 이 사실을 잘 알기에 풀타임으로 일하는 직원들의 급여를 한 번도 미룬 적이 없다. 한 달에 한 번 휴가비도 꼬박꼬박 챙겨준다. 특별한 날이나 기념일이면 유명 브랜드 의류를 좋아하는 이 친구들을 위해 꼭 봉투에 돈을 담아 나이키Nike 신발을 사라고 손에 쥐여준다. 한식 레스토랑에서 일하는 이 친구들이 먹을 수 있는 적당한 음식이 없어 매일 양념 닭고기에 쌀밥을 비며 먹는 모습을 보면 안쓰럽고 미안하다. 그래서 정기적으로

알제리 출신 주방 직원들과 함께

이 친구들이 좋아히는 아라빅Arabic 레스토랑에 가서 어깨를 다독
거리며 취향에 맞는 음식을 대접한다. 단순한 위로를 넘어 고향의
가족들은 좀 어떤지, 런던에서 생활하는 데 어려움은 없는지 등을
물어본다. 그런데 이 정도는 웬만한 사람이면 할 수 있는 범위의 행
동이다. 그런데 여기에 필요한 것이 하나 더 있다.

브래디 미카코Brady Mikako의 책 『타인의 신발을 신어보다』에 '심퍼
시Sympathy'와 '엠퍼시Empathy'라는 용어가 나온다. 비슷해 보이는 두
단어는 차이가 있다. 심퍼시는 동정·연민·공감을 뜻하고, 엠퍼시는
감정이입을 뜻한다. 우리 직원들이 고향 알제리를 떠나 먼 이국땅
영국에서 고생한다고 동정심이나 연민이 느껴지면 심퍼시이지만 나

역시 한국을 떠나 그들처럼 이방인으로 영국에서 고군분투하고 있는 같은 상황에서 그들의 입장이 내 일처럼 이해가 되는 것은 엠퍼시이다. 단순한 동정심 이상의 감정이다. 엠퍼시에는 감정이입이 존재한다.

직원들이 단순히 먼 이국땅에서 고생하는 것에 대한 동정심이 아니라 나 역시 영국 땅에서 이방인으로 살아가며 똑같이 느끼는 일종의 '공동체 의식'이다. 이것은 다행히 사업에서의 '방종'에 좋은 제동장치가 되어주었다. "나도 처음에 영국에 와서 일식당에서 주방 보조로 돈을 벌며 똑같이 고생해봐서 너희들 입장 충분히 이해하고 있어!"라고 이야기하면 그들은 그제야 미소를 보인다. 나나 너나 똑같은 이방인이고 다 같이 고생한다는 생각에 경계를 풀고 마음 문을 연다. 이때부터 소통이 시작된다.

늘 어떻게 하면 직원들을 더 챙기고 이들이 자신의 사업을 하는 것처럼 일하고 그에 합당한 수입을 가져갈 수 있게끔 만들까를 고민한다. 그래서 매출의 1%(회사 이익의 4~5%)는 직원들을 위해 다시 투자한다. 더 많은 사업체를 늘려 직원들을 어떻게 하면 자립시킬 수 있을까를 고민한다. 이 모든 것을 무시하고 내 주머니 채우기에 몰두하는, 넓고 편한 방종의 길을 가기는 쉽다. 그러나 이와 반대로 직원들을 먼저 생각하는, 좁고 협착해 아무도 찾지 않는 방황의 길을 가는 것은 어렵다. 그럼에도 불구하고 좁을 길을 가기 위해 매일 매일 발버둥치고 있다.

나의 진심이 통했던지 이제는 내가 매장에 나가지 않아도 모든 직원이 자기 사업처럼 일한다. 회사에서 일을 가장 잘 알고 잘하는 사람은 분명 사장인 나이다. 하지만 끊임없이 직원들을 나보다 더 일잘하는 사람으로 교육하기 위해 노력한다. 그래서 매장에서 나의 존재가 필요하지 않을 때까지 인내를 갖고 기다려준다. 직원들은 더 높은 직책을 얻고 급여를 받음으로써 자존감이 높아지고, 나는 더 가치 있는 일에 시간을 사용할 수 있는 여유가 생겨 서로서로 남는 장사이니 마다할 필요가 있겠는가. 과거에는 내 시간을 팔아 돈을 샀다면, 이제는 그 돈으로 다시 시간을 사는 사람으로 살아가고 있다. 직원들 없이는 불가능한 일이다. 그러니 이들이 나를 이용해 더 높이 올라갈 수 있기를 바란다.

40대 중반에 들어서며 몸에 근육이 빠시고 얼굴에 주름이 늘어나고 흰머리도 생겼다. 두 손과 두 발도 많이 거칠어졌다. 런던의 긴 터널 속에서 17년간 방황한 흔적들이다. 여러 번 사업의 실패로 넘어질 때마다 수없이 고민하고 나름대로 인생의 바른길을 찾기 위해 고군분투했다. 더 이상 '생존'만을 위해 살고 싶지는 않다. 사업의 다른 명분들도 필요하다. 거창하게 '내 주변의 사람을 부자로 만들겠다', 혹은 '남을 위해서 살아간다'라는 식의 보이지도 않고 잡히지도 않는 허황한 꿈을 꾸고 싶은 것은 더더욱 아니다. 어느 날 매장을 총책임지고 있는 매니저가 왠지 모르게 지쳐 보인다. 바쁜 매장을·관리하는 게 쉽지 않은 일임을 잘 안다. 월급 조금 더 올려주면 순간의 위기는 넘어갈 수 있겠지만, '과연 그것이 근본적인 해결책인가?'라는 생각이 든다. 그 대신 문득 이런 생각이 머리를 스쳐 지나갔다.

'이 직원은 나와 함께한 지난 시간 동안 얼마만큼 성장했는가?'

나와 가장 가까이에서 대부분의 시간을 보내고 있는 직원들이 나를 통해 얼마나 성장했는가를 생각하니 부끄러워진다. 그뿐 아니다. 내 아내, 두 아이, 주변의 친구들, 교회 성도들, 고국에 있는 부모 형제…. 이 모두가 '나'라는 사람을 통해 그동안 얼마만큼 성장했는가 자문하게 된다. 그러면 '나는 어떤 사람이 되어야 하는가?'라는 고민이 내 인생의 새로운 방황거리로 등장한다. 바로 존재에 대한 고민이다. 또 남은 인생을 존재에 대한 고민으로 방황할 것이다. 당연히 노력이 뒤따라야 함을 잘 안다. 하지만 여전히 내가 살아 있다는 것에 앞으로의 방황을 설레는 마음으로 맞이한다.

시작조차 하지 않았다면?

인생이 끝날까 두려워하지 마라.
당신의 인생이 시작조차 하지 않을 수 있음을 두려워하라.
– 그레이 한센

　2006년 10월 이민 가방 두 개만 달랑 들고 영국 런던 히스로 공항에 도착했다. 2년 정도 계획하고 왔던 영국 생활이 2023년까지 이어졌다. 벌써 열여덟 번째 새해 달력을 바꾸었다. 돌이켜보니 어떻게 이곳에서 살아왔나 싶을 뿐이다. 영국에서 아직까지 살아남은 것이 말그대로 기적이다. 늘 꿈을 꾸며 수차례 호기롭게 도전했지만, 인생의 장애물에 걸려 매번 넘어졌다. 내 가족 하나 먹여 살리겠다고 발버둥치는 가장의 몸부림이 무슨 그리 큰 사치라고, 그런 것 하나조차 쉽게 허락되지 않았다. 인생의 고통의 터널을 꽤 오랫동안 지나야 했다. 나 혼자만 이렇게 사는 것 같아 나 자신과 세상에 화가 많이 났다. "실패는 성공의 어머니다"라는 식의 상투적인 명언이나 앞서 나간 인생 선배들의 조언도 귀에 들어오지 않았다. 하지만 인생의 가장 밑바닥을 경험하고 나서야 모든 문제의 원인도 해결책도 내 안에 있음을 깨닫게 되었다. 내 인생의 터닝 포인트는 내가 그렇게 싫어하고 피하고 싶던 인생의 터널 가장 깊고 어두운 곳, 그리고 가장 밑바닥에 숨어 있었다.

건물을 높이 올리기 위해서는 땅 아래를 그만큼 깊이 파야 하고, 물건을 멀리 던지기 위해서는 그만큼 팔을 더 뒤로 젖혀야 한다. 아마도 더 높이 날아오르기 위해 땅속을 그렇게 오랫동안 깊이 파고 들어간 모양이다. 더 멀리 꿈을 향해 내 열정을 던지기 위해 그렇게 팔이 아프도록 뒤로 젖힌 모양이다. 인생에 어느 것 하나 우연히 일어난 게 없다. 보통은 '인과의 법칙'이라고 설명하지만, 인과의 법칙으로 설명되지 않는 하나님의 섭리가 있다. 하나님은 우리가 잘되길 원하신다. 그래서 준비되지 않은 우리가 꿈을 이룰 수 있는 '인생 수업'을 고통이란 이름으로 포장하여 주신 것이다. 그러니 어떠한 도전과 시련과 고난도 모두가 '나'를 위한 것이다. 내가 더 성장하고 성숙하여 잘되기 위한 고액 과외인 셈이다. 영국 런던에서 17년간 돈과 시간과 젊음까지 모든 것을 내 꿈을 향해 쏟아부었다. 돈뿐만 아니라 더 가치가 있는 시간과 젊음을 지불했으니 '고액' 수업이 맞다.

나의 인생 철학이자, 내가 늘 입버릇처럼 하는 말이 한 가지 있다. "세상에 공짜는 없다"이다. 공짜로 얻는 것은 정말 쉽게 사라진다. 가치가 없기 때문이다. 싼 게 비지떡이다. 그런데 제대로 값을 치른 것은 아직 내 곁에 오랫동안 남아 있다. 30~40대에 꿈을 향해 쏟아부었던 열정과 도전으로 나는 나의 인생에 제대로 값을 치렀다. 현재는 그 대가만큼의 인생을 살아가고 있고 지금도 더 가치 있는 일을 위해 대가를 지불하고 있다. 우리가 억울하고 화가 나고 고통스러운 것은 내가 지금 노력하고 발버둥치고 애쓰는 것에 비해 결과가 나타나지 않는다고 생각하기 때문이다. 마치 오전에 씨를 뿌리고 오후에 열매를 바라는 것과 같다. 세상 모든 원리에는 '시간'이라는 요소가 절대적으로 필요하다. 그만큼 인내가 요구된다. 씨를 뿌리고 인내로 때를 기다리는 시간의 문제이지 결과는 이미 정해져 있다. 열매는 반드시 따게 되어 있다. 그런데 문제는 씨조차 뿌리지 않고 뭔가를 기대하는 것이다. 여기서 파생된 가치들이 단번에 성공을 바라는 '대박'이다. 여기엔 아무런 의미도 감동도 없다.

그러니 꿈을 이루고 싶은 우리가 해야 할 일은 먼저 씨를 뿌리는 것이다. 거창하고 큰 것을 이야기하는 건 아니다. 아주 사소하고 작은 일부터 시도하면 된다. 나는 수없이 많은 일을 시도했지만 거의 실패했다. 실패가 있다는 것은 반대로 해석하면 시작을 해보았다는 뜻이다. 실수와 실패는 쓴 결과이지만, 어쩌면 당연한 결과이다. 그저 더 나은 방법과 시간이 좀 더 필요하다는 걸 지금까지 몰랐을 뿐이다. 길이 막히고 답이 보이지 않으면 잠시 숨을 고르면 된다. 그리고 우리보다 앞서 길을 걸어간 사람에게 찾아가 길을 묻자. 그들을 찾아갈 형편이 아니라면 그 사람들의 책을 읽고 모든 가능한 방법을 찾아보자. 그렇게 조금 더 잘 준비하고 현명한 사람으로 성장해 다시 시도해보면 된다. 그렇게 하다 보면 한 번 두 번 작은 성공이 이루어지고 마치 가을에 열매를 맛보듯 성취의 기쁨을 맛보기 시작한다. 그렇게 작은 일에 조그마한 성공이 쌓이기 시작하면 무의식에 '할 수 있다'는 생각이 싹트고 자신감이 생기기 시작한다.

나 역시 내가 뭘 원하지를 잘 알지 못했다. 그냥 생각나는 대로 꿈을 찾아가고, 두드리고, 만져보려고 노력했다. 때론 내가 원하던 것이 아닐 때도 있었고 길을 잘못 찾아간 적도 있었다. 괜찮다고 생각했다. 왜냐하면 그만큼 나에게 기회를 준 것이기 때문이다. 무엇을 선택하고 어디로 한 걸음 한 걸음 걸어가며 얼마만큼 작은 성공을 축적해나갈지 결정하는 것은 우리의 몫이다. 나의 삶을 살아가는 것이다. 길을 가다 보면 스스로 그 길이 잘못된 것임을 발견하게 되고 여정을 수정하게 된다. 자신을 믿어라. 자신의 길이 아닐 때는 본능적으로 마음이 불편하다. 그런 시도와 도전이 쌓이고 쌓이면 어느 순간 정말 내가 원하는 길 앞에 놓이게 된다. 지금 내가 선택하는 이 미세한 차이가 당장은 아무렇지 않게 보여도 시간이 흐르면 실로 엄청나게 벌어진다. 큰 것이 아니다. 작고 미약한 도전이지만 매일매일 행동해나가는 것이다. 그때 내면의 힘이 생기고, 어깨가 펴지고, 생각이 트인다. 이는 이미 당신의 그릇이 커지고 있다는 신호이다.

그다음엔 자연스럽게 당신의 키워진 그릇만큼 그에 맞는 더 큰 성공들이 찾아온다. 이 그릇을 더 키우고 싶은 소망이 생기기 시작하면 그때부터는 다른 도전을 하게 된다. 더 나은 사람이 되겠다는 존재에 대한 도전의식이 생기고 이를 이루기 위한 고민을 하게 된다. 꿈을 이루어가는 우리는 이렇게 어제보다 오늘 좀 더 나은 사람이 되어가야만 한다. 결국 세상의 모든 근원의 시작은 바로 내 안에 있다. 나만의 삶을 살고, 나만의 스토리를 만들고, 나만의 색깔을 찾아가는 것이다. 사람들은 그런 당신만의 스토리와 삶에 매력을 느끼고 기억할 것이다. 그러면 당신은 대체 불가능한 사람이 된다. 당신만의 대체 불가능한 꿈과 사명이 당신을 더 위대한 사람으로 만들어줄 것이다. 일이 안 되고 틀어지고 상황이 계속 나빠진다는 것은 내 그릇이 작은데 한방에 큰 것을 노리기 때문이다. 세상의 모든 것은 내 크기만큼만 담을 수 있다. 이제 이 세상에서 당신의 그릇을 키우고 앞으로 나갈 준비가 되었다면, 이미 세상의 모든 것들이 당신을 위해 움직일 것이다.

우리의 삶이 다 끝나갈 때 우리가 시작조차 하지 않았음을 후회하지 않는다면 그것이 진정 성공한 삶이 아닐까 싶다. 배는 항구에 있을 때 가장 안전하다. 하지만 그것이 배의 존재 이유가 아니지 않은가. 지금의 나를 만든 것의 8할이 시련과 고난이었다. 그래서 지금의 내가 있는 것이기도 하다. 내가 열아홉 번의 실패에도 끝까지 버텼다면 여러분도 할 수 있다. 실패와 실수를 두려워하지 말고 지금 당장 인생의 갑판 위로 올라가 여러분의 꿈을 향한 항해를 시작하기를 바란다. 하나님께서 마지막 그 순간까지 지켜주실 것이다. 당신은 반드시 잘될 것이다.

해외에서 사업을 해보고 싶은 사람에게 이 책은 오래도록 스테디셀러이자 필독서가 될 것이다. 한국에서도 내 사업을 만들어가기 쉽지 않은데, 무려 해외에서 그것도 영국 런던에서 한국 아이템으로 사업을 성공시킨 이영훈 대표의 이야기는 놀랍고 인상적이다.

7전 8기는 많이 들어봤어도, 19전 20기라니. 이 사업 스토리를 읽는다면 누구나 희망과 용기가 생길 것이다. 이 책에는 그의 사업뿐만 아니라, 열정과 패기로 무장한 한 사람의 삶이 담겨있다. 군고구마 장사를 하던 중학생이 해외에서 한식 법인의 기업인이 되기까지의 스토리라니. 〈이태원 클라스〉라는 드라마의 실사판을 보는 듯하다.

그가 찍은 멋진 런던의 사진과 함께 사업 이야기를 읽고 있자면 그를 통해 다양한 사업을 함께 간접 경험을 하는 듯 신박하고 즐거웠다. 한국뿐만 아니라 해외에도 사업의 길은 있다. 이것을 먼저 개척하고, 우리에게 자신의 이야기를 진솔하게 들려준 용기가 참 감사하다.

해외에서 내 사업을 해보고 싶은데 방법을 찾기 어려워하는 사람들, 한국뿐만 아니라 해외에서 나만의 길을 개척하고 싶은 청년들과 은퇴자들에게 이 책을 보란 듯이 건네고 싶다. 한 번 태어난 인생, 다른 사람들을 꼭 돕고 싶다는 저자의 진실한 눈빛과 목소리가 오래도록 기억에 남는다. 이 책을 통해 그의 진정성과 도전정신이 사업을 시작하고 싶은 사람들에게, 용기와 희망을 얻고 싶은 사람들에게 닿기를 바란다. 그의 삶을 통해 다시 한번 인생을 배운다.

조규림(카이기획, 퍼스널비즈니스협회 대표)

런던에서 보란듯이 K-사장

지은이 | 이영훈

1판 1쇄 인쇄 | 2023년 5월 24일
1판 1쇄 발행 | 2023년 5월 31일

펴낸곳 | (주)지식노마드
펴낸이 | 김중현
등록번호 |제313-2007-000148호
등록일자 | 2007. 7. 10
(04032) 서울특별시 마포구 양화로 133, 1201호(서교동, 서교타워)
전화 | 02) 323-1410
팩스 | 02) 6499-1411
홈페이지 | knomad.co.kr
이메일 | knomad@knomad.co.kr

값 18,000원

ISBN 979-11-92248-10-3   13320